福建教育学院资助出版

"福建省'十三五'中小学名师名校长培养工程丛书"编委会

（福建教育学院培养基地）

丛书主编：郭春芳

副 主 编：赵崇铁　朱　敏

编 委 会：（按姓氏笔画排序）

于文安　杨文新　范光基　林　藩　曾广林

名校长卷

主　　编：于文安

副 主 编：简占东

编　　委：陈　曦　林文瑞　林　宇

名师卷

主　　编：林　藩

副 主 编：范光基

编　　委：陈秀鸿　唐　熙　丛　敏　柳碧莲

福建省"十三五"名师丛书

正能教育：
让思政课成为正能量的释放源

蔡　隆　◎著

厦门大学出版社
XIAMEN UNIVERSITY PRESS

国家一级出版社
全国百佳图书出版单位

图书在版编目（CIP）数据

正能教育：让思政课成为正能量的释放源 / 蔡隆著
. -- 厦门：厦门大学出版社，2023.1
（福建省"十三五"名师丛书 / 郭春芳主编）
ISBN 978-7-5615-8891-8

Ⅰ．①正… Ⅱ．①蔡… Ⅲ．①政治课－教学研究－高
中 Ⅳ．①G633.202

中国版本图书馆CIP数据核字(2022)第229742号

出 版 人	郑文礼
责任编辑	文慧云

出版发行 厦门大学出版社

社　　址	厦门市软件园二期望海路 39 号
邮政编码	361008
总　　机	0592-2181111　0592-2181406(传真)
营销中心	0592-2184458　0592-2181365
网　　址	http://www.xmupress.com
邮　　箱	xmup@xmupress.com
印　　刷	厦门集大印刷有限公司

开本	720 mm×1 020 mm　1/16
印张	10.25
插页	2
字数	202 千字
版次	2023 年 1 月第 1 版
印次	2023 年 1 月第 1 次印刷
定价	58.00 元

厦门大学出版社
微信二维码

厦门大学出版社
微博二维码

◎ 总 序

　　"百年大计,教育为本;教育大计,教师为本。"教师队伍建设是教育质量提升的关键。2018 年,中共中央、国务院印发《关于全面深化新时代教师队伍建设改革的意见》,吹响了新时代教师队伍建设改革的集结号,提出教师队伍建设改革的目标是"到 2035 年,教师综合素质、专业化水平和创新能力大幅提升,培养造就数以百万计的骨干教师、数以十万计的卓越教师、数以万计的教育家型教师"。福建省委、省政府牢记习近平总书记"福建没有理由不把教育办好"的殷切嘱托,以高度责任感、使命感,坚持教育优先发展,始终将建设一支师德高尚、业务精湛、结构合理、充满活力的高素质专业化教师队伍作为基础工作,出台了一系列政策措施,激发广大教师投身教育综合改革的积极性、主动性、创造性。福建省教育厅为打造基础教育高层次领军人才队伍,实施"强师工程"核心项目——中小学名师名校长培养工程,旨在培养一批在省内外享有盛誉的名师名校长,促进我省教育高质量发展。

　　"十三五"期间,福建教育事业紧紧围绕"新时代新福建"发展战略,坚定不移走以提升质量为核心的内涵发展之路,着力推动规模、质量和效益的协调发展,努力让教育改革发展成果更多地惠及民生,让人民群众有更多的获得感。2017 年,省教育厅会同财政厅启动实施了"十三五"中小学名师名校长培养工程,在全省遴选培养 100 名名校(园)长、培训 1000 名名校(园)长后备人选、100 名教学名师和 1000 名学科教学带头人。通过全方位、多元化的综合培养,造就一批师德境界高远、政治立场坚定、理论素养深厚、教学能力突出(治校能力突出)、教学风格鲜明(办学业绩卓越)、教育视野宽阔、富有开拓创新精神、在省内外有较大影响力的名师名校长,为培育闽派教育家型校长和闽派名师奠定基础,带动和引领全省中小学教师队伍建设,为推进我省基础教育优质均衡发展、办好人民满意教育,为"再上新台阶、建设新福建"提供有力的人才保障。

为扎实推进福建省"十三五"中小学名师名校长培养工程,保障实现预期培养目标,福建教育学院作为本次名师名校长培养工程的主要承担单位,自接到任务起,就精心研制培养方案,系统建构培训课程,择优组建导师团队,不断创新培养方式,努力做好服务管理,积极探索符合名师名校长成长规律的培养路径,确保名师名校长培养培训任务高质量完成,助力全省名师名校长健康成长,努力将培养工程打造成全省乃至全国基础教育高端人才培养示范性项目。

在培养过程中,我们从国家战略需求、学校发展需求和教师岗位需求出发,积极探索实践以"五个突出"为培养导向,以"四双""五化"为培养模式的基础教育高端人才培养路径。其中"五个突出":一是突出培养总目标。准确把握目标定位,所有培养工作紧紧围绕打造教育家型名师名校长而努力。二是突出培养主题任务。2017年重点搞好"基础性研修",2018年重点突出"实践性研修",2019年重点突出"个性化研修",2020年重点抓好"辐射性研修"。三是突出凝练教学主张(办学思想)。引导培养对象对自身教学实践经验(办学治校实践)进行总结、提炼、升华,用先进科学理论加以审视、反思、解析,逐步凝练形成富含思想和实践价值、具有鲜明个性的教学主张(办学思想)。四是突出培养人选的影响力与显示度。组织参加高端学术活动,参与送培送教、定点帮扶服务活动,扩大名师名校长影响。五是突出研究成果生成。坚持研训一体,力促培养人选出好成果,出高水平的成果。

"四双":一是双基地培养。以福建教育学院为主基地,联合省外高校、知名教师研修机构开展联合培养、高端研修、观摩学习。二是双导师指导。按照理论联系实际原则,为每位培养人选配备学术和实践双导师。三是双渠道交流。参加省内外及境外高端学术交流活动,积极承办高水平的教学研讨活动,了解教育前沿情况,追踪改革发展趋势。四是双岗位示范。培养人选立足本校教学岗位,同时到培训实践基地见学实践、参加送培(教)活动。

"五化"：一是体系化培养。形成"需求分析—目标确定—方案设计—组织实施—效果评估"的培养链路，提高培养专业化、精细化、科学化水平。二是高端化培养。重视搭建高端研修平台，采取组织培养人选到全国名校跟岗学习、参加国内高层次学术会议和高峰论坛、承担省级师训干训教学任务等形式，引领推动名师名校长快速成长。三是主题化培养。每次集中研修，都做到主题鲜明、内容聚焦，坚持问题导向和结果导向，努力提升培养的针对性和实效性。四是课题化培养。组织培养对象人人开展高级别课题研究，以提升理性思维、学术素养和科研水平，实现从知识传授型向研究型、从经验型向专家型的转变。五是个性化培养。坚持把凝练教学主张（办学思想）作为个性化培养的核心抓手，引导培养人选提炼形成系统的、深刻的、清晰的教育教学"个人理论"。

　　通过三年来的艰苦努力，名师名校长培养工作取得了显著成效，积累了丰硕成果，达到了预期目标。名校长培养人选队伍立志有为、立德高远的教育胸襟进一步树立，办学理念、政策水平和管理能力进一步提升，立功存范、立论树典的实践引领能力进一步提高，努力实现名在信念坚定、名在思想引领、名在实践创新、名在社会担当。名师培养人选坚持德育为先、育人第一的教育思想进一步树立，教书育人责任感、使命感和团队精神进一步强化，教育理论素养进一步提升，先进教育理念进一步彰显，教育教学实践和创新能力进一步增强，独特教学风格和教学主张逐步形成，教育科研和教学实践均取得了丰硕成果。一是专项研究深。围绕教学主张或教学模式出版了38部专著。二是成果级别高。84位名校长人选主持课题130项，其中国家级6项；发表CN论文239篇，其中核心16篇；53位名师培养人选主持省厅级及以上课题108项，其中国家级7项；发表CN论文261篇，其中核心81篇。三是奖项层次高。3位获2018年教育部基础教育国家级教学成果奖二等奖；15人获得2017年、2018年福建省基础教育教学成果奖，其中特等奖3位、一等奖7位、二等奖5位；1位评上国家级"万人计划"教学名师；34位培养人选评上正高级职称教师；13位获"特级教师"称号；2位获"福建省优秀教师"称号。四是辐射引领广。开设市级及以上公开课、示范课203节；开设市级及以上专题讲座696场；参加长汀帮扶等"送培下乡"活动239场次；指导培养青年骨干教师442人。

　　教育是心灵的沟通，灵魂的交融，思想的碰撞，人格的对话，名师名校长应该成为教育的思想者。在我省名师名校长培养对象即将完成培养期时，福建教育学院培养基地组织他们把自己的教学（办学）思想以著作的形式呈现给大家，并资助出版了"福建省'十三五'名校长丛书""福建省'十三五'名师丛书"，目的就是要引领我省中小学教师进一步探究教育教学本质，引领我省中小学校长进一步探究办学治校的规律，使名师名校长培养对象成为新时代引领我省教师奋进的航标，成为办人民满意教育的先行者。结束，是下一阶段旅程的开始，希望我省名师名校长培养对象不忘立德树人初心，牢记为党育人、为国育才使命，积极投身新时代新福建建设，为福建教育高质量发展再建新功。是为序。

福建教育学院党委书记、教授、博士

郭春芳

2020 年 8 月

走近"正能教育"

——为"正能"赋能

　　手捧着蔡隆老师《正能教育：让思政课成为正能量的释放源》的书稿，十分欣喜，十分欣慰。本书的成稿，经历了从学科教学现象的探究到学科教育本质揭示的跨越与跃升过程，经历了从手段层面探究教育主张到目的层面把握教育主张的跨越与跃升过程，经历了从理论凝练、否定批判到课堂应用、出效推广的跨越与跃升过程。回答了教育主张应有的方向性与本质性问题，解决了课堂教学应有的思想性与人文性问题，凸显了教学名师应有的引领性与示范性问题，实属不易、实属难得。

　　蔡老师关注学生终身发展与社会发展需要，揭示思想政治课教育的现代价值，提出了"正能"的教育主张。"正能"就是蓄积科学理论、科学思想、民族精神、先进文化等真理性"要素能"而形成的一种激发向上向善的教育能量，排弃谬误、颓废、虚假、落后的负效能量。正能教育是以社会发展与教育发展规律为据，以学生终身发展与社会发展需求为盼，引领即将步入社会的青年学生树立科学的世界观、人生观、价值观，培育其科学精神、理性精神、奋斗精神，陶养人民情怀、家国情怀、担当情怀，引导学生扣好人生第一粒扣子，培植新时代合格的建设者和接班人。正能教育建立了"动、源、点"的理论体系：一是从学科特质出发，指出思政课是正能教育的发动机，其"动"于传播科学理论，催生求真态度；培育科学思想，打造善美人生；激发科学力量，引导责任担当。二是从学科课程价值出发，指出思政课是正能教育的释放源，其"源"于课程性质目标、课程内容功能，从而保障政治认同、理性精神、法治意识、公共参与"正能"地"释放"。三是从学科教育主体出发，指出正能教育的归宿点，其"点"落于期盼一代又一代的青年学生怀揣科学志向，把握科学思想，发挥科学功效，传播科学精神，接续科学发展，担负时代大任。

本书所要告诉我们的是要高擎科学之旗，让青年学生立科学之方向，以科学立身，为科学建功；要哺育思想，让青年学生立科学之思想，以思想导航，续思想宏业；要放眼未来，让青年学生立未来中华强盛之志向与信念，以未来为基，解未来之困，抒未来新篇，因此，正能教育是思想政治学科系统而又独特的本质教育。当然，科学、思想、未来的发展需要学校各学科的共同教育，就方法论而言，应该是各学科的本质教育，在这一意义上，正能教育既是共同性的教育又是本质性的教育，是需要教育者共同且接续努力的教育。如此，正能教育必将会绽放更为绚丽的智慧之花，结出更为丰硕的育人之果。

是为序。

于福州金屿

2021 年 6 月

◎ 前　言

正能教育不仅是我的教学主张，也是我的教育主张。在本书中我重点阐述的是正能教育作为高中思政课教学主张，其核心观点是在强调关注全体学生、促进学生全面发展的基础上最大限度地挖掘学生的潜能、最大限度地张扬学生的个性、最大限度地培养学生的品格。

本书主要针对思想政治课如何成为正能量的释放源展开探讨。在2019年3月18日习近平总书记主持召开学校思想政治理论课教师座谈会并发表重要讲话之后，思政课已经成为社会热点和课程教学的焦点问题。思想政治课是指社会或社会群体用一定的政治观点、道德规范，对中学生施加的有目的、有计划、有组织的影响，使他们形成符合一定社会所要求的思想品德的社会实践活动课程。

本书首先阐述几个基本概念：思想政治课的内涵和课程性质；"正能"即正能量一词是如何发展而来的，正能量是教育的利器，是教育的魅力所在，"正气"一词又是如何发展到"正能"的；"释放源"是指什么？在本书中，"释放源"比喻使"正能量"像气体一样爆炸性地释放出来的原动力或发动机。"正能量"的"释放源"寓意思想政治课是释放"正能量"的不竭动力。

思想政治课以培养和提升学生的政治认同、理性精神、法治意识和公共参与作为学科核心素养。如何在高中思想政治课教学实践中培养和提升学生核心素养？这是一线思想政治课教师必须思考的问题，也是本书论述的主要内容。

本书的顺利出版，要特别感谢林藩教授、黄丽萍教授的指导，感谢佘芡、鄢超、陈福海、袁小平、洪小艳等几位老师提供相关资源和素材。

蔡　隆

2021 年 5 月 13 日

目　录
CONTENTS

何谓正能教育

第一节　从"正气"到"正能"

一、"正能"是由"正气"发展而来的

"正能量"本是一个物理学名词,近年来使用频率较高,但多数使用"正能量"一词的人不知其理论内涵和使用规范,如果我们追踪"正能量"的文化源头,可以说,"正能量"一词正是由"正气"发展而来的。古代朴素唯物主义认为,"气"是万物之源,劳动人民在社会实践过程中观察到水分的蒸发、液体和固体的燃烧、气体的挥发等自然现象形成对"气"的理解,认为世界的本源就是"气",这也是中国古代哲学思想的萌芽,由此逐渐形成朴素唯物主义的"气"论学说。

《荀子》提出了"水火有气而无生;草木有生而无知;禽兽有知而无义;人有气、有生、有知,亦且有义"。先秦的哲学家始终将"气"作为构成宇宙万物的基本元素,也视其为理解万事万物的最佳渠道。宋朝张载提出了"太虚无形,气之本体,其聚其散,变化之客形尔"的观点。由于自然界中"气"所具有的运动流转不息、生生不已的特征,将宇宙之"气"与人体建立的紧密联系就具有逻辑延展的合理性。进而有论"人之生,气之聚也,聚则为生,散则为死"(《庄子》),"吾善养吾浩然之气"(《孟子》)[①]。

二、"正能"的内涵和特征

正能量是教育的利器,是教育的魅力所在。"正能"即"正能量","正能量"由"能量"一词衍生而来,在学术界最早提出此概念的是物理学家约翰·伯努利,其阐述虚位原理时用到"能量"一词。后来引申到心理学,心理学家理查德·怀斯曼对"正能量"的解释是:"每个人身上都是带有能量的,而

---

① 陈梦熊.从"正气"到"正能量":中国文论话语关键词举隅[J].内蒙古社会科学(汉文版),2016(3):142-143.

只有健康、积极、乐观的人才带有正能量，和这样的人交往能将正能量传递给你。而人的意念力来自我们内在的能量场，减少不该有的欲望，保持心态的平和，喜乐地生活能增加人生的正能量。"[1]

韦恩·戴尔（Wayne W. Dyer）著，金九菊译的《正能量修成手册》[2]一书提到几个观点，我们对其概括整理，认为"正能量"有五个基本特征：

（一）创造生命奇迹的正能量之一：想象力

一个人若能自信地向他的梦想进发，努力按照他的想象经营生活，在平常日子里，他也会与成功不期而遇。

（二）创造生命奇迹的正能量之二：意志力

如果我们将"我是……"放进我们的想象中，彻彻底底照此生活，能量之源就会住在我们心里，成长为我们期待的样子。

（三）创造生命奇迹的正能量之三：感受力

每一种感受都会在潜意识里投射下印象，所以，我们感受到的"你感觉怎么样"也总是主导着我们"你感觉你以后会怎么样"。

（四）创造生命奇迹的正能量之四：专注力

我们的专注是我们"燃烧的渴望"，是让一切成为现实的强大能量。

（五）创造生命奇迹的正能量之五：潜意识

潜意识控制着你生活中大部分的行动。它无处不在，无所不是，一直处于创造和实现的过程中。

韦恩·戴尔意图表达"正能量"的意义在于"激发自身的潜能，引爆内在的正能量"。同时引用心理学实例阐述如何激发"正能量"。这样"Rip It Up"一词就被翻译成"正能量"。2005年发表在《吉林省经济管理干部学院学报》上的《浅谈大学生职业心理素质的培养》一文提到了"正能量"一词，文中写道："能量有正负之分，学习获得了新的知识，工作取得了成绩，实验

---

① 理查德·怀斯曼.正能量[M].李磊,译.湖南:湖南文艺出版社,2019:21-22.
② 韦恩·戴尔.正能量修成手册[M].金九菊,译.北京:中国友谊出版公司,2013.

获得了成功,受到赞扬和表彰等是正能量,能使人心情愉悦,增强信心。"①

"正能量"的内涵主要是强调符合社会主流价值观念,能够对社会舆论产生积极影响的价值取向,往往带有论者对相关问题的深度思考。"正能量"也被引入到思想政治教育研究领域,成为培育社会主义新时期道德标准和行为准则的重要参考。"正能量"在理论研究和文化建设等领域的应用及推广体现了建设具有中国特色社会主义的主流价值观的内在诉求,是时代的最强音,也是全民集体意志的体现。党的十八大以来,"正能量"的理论内涵不断被阐述和丰富。通俗地说,"正能量"前提是"正",其次须"能",再次有"量",简单地说"正能量"就是"正能",是指:"原发自主观内在的,具有创新意识、开拓精神及时代特色且足以促进社会发展的能动力量。"②

此种阐述方式将"正"阐发为符合社会主流价值观和积极影响力的同时,"能"则意味着个人的专业素养,"量"彰显了符合时代特色和促进社会发展的能动力量。同时通过各大媒体不同学者专家的观点分析,可以比较明确的是,"正能"强调的比较一致的是:其一,"正能"强调符合主流价值观;其二,"正能"适用于个性化的心理状态,与不良倾向的心理状态相对应;其三,"正能"具有广泛的应用空间,可以被多个领域的使用者用以言说或界定自己的工作对象。

---

①　南洪吉.浅谈大学生职业心理素质的培养[J].吉林省经济管理干部学院学报,2005(8):83-85.

②　吕强."正能量":实现中国梦的助推力[N].光明日报,2013-06-26.

第二节　正能教育相关理论概述

正能教育与马克思主义关于人的全面发展学说相关。马克思主义关于人的全面发展学说的基本内涵是：人的发展是与社会生产发展相一致的。旧式劳动分工造成了人的片面发展，大工业机器生产要求人的全面发展，并为人的全面发展提供了物质基础；实现人的全面发展的根本途径是教育同生产劳动相结合。全面发展的人是指精神和身体、个体性和社会性都得到普遍、充分而自由发展的人。

正能教育的价值是使受教育者个性得到最大限度的张扬，品德得到最大限度的培养，自身逐渐形成良好的道德、科学的思维、健全的人格、健康的心理、强壮的体魄和较高的人文素养，使所有受教育者成为对社会发展有益且个人生活快乐幸福的人，使他们在人生漫长的过程中不断为社会做贡献，不断提高自己生活的质量，不断实现自己人生的价值。

到底什么是正能量？科学的解释是：以真空能量为零，能量大于真空的物质为正，能量小于真空的物质为负。我们的观点表达是：正能量指的是一切给予人向上和希望、促使人不断追求、让生活变得圆满幸福的动力和感情。

世界级心理学大师、英国大众心理学传播教授理查德·怀斯曼提出了"表现"原理，其核心观点是：人的行为模式可以影响人的情绪情感，通过种种实验和数据，我们过去秉持的"性格决定命运""情绪决定行为"等认知是错误的。运用"表现"原理激发出的正能量，可以使我们产生一个新的自我，让我们变得更加自信、充满活力，也更有安全感。

理查德·怀斯曼提出了"表现"原理与正能量之间的"亲密"关系，揭示了什么样的行为模式可以影响人的信念、情绪、意志力。他认为我们只有通过一系列的训练方法，提升我们内在的信任、豁达、愉悦、进取等正能量，才能有效规避自私、猜疑、沮丧、消沉等负能量。正能量是能彻底改变我们工作、生活和行为模式的心理表达。

一、行为表现理论——快乐是可以被创造的,正能是可以被孕育的

威廉·詹姆斯推测微笑能使人更快乐,认为人类行为的方方面面,包括走路和说话的方式,都能够影响人们的感觉。为了验证其真实性,科学家们开始研究走路与讲话的影响力。

研究者认为,就像主要面部表情只有少数几种一样,基本走路方式也只有六种。比方说,大踏步走是指走路时步子大、步伐有弹性、胳膊前后摆动,而拖着脚走路指的是走路步伐很小,并且双肩耷拉着。同时实验显示,不同的走路方式与情绪有着密切关联:大踏步走的人比较快乐,而拖着脚走路的人容易情绪低落,负面能量增多。

来自佛罗里达州大西洋大学的心理学家萨拉·斯诺德格拉斯试图研究能否通过改变走路方式影响人的情绪。她假装要做一个关于身体活动对心率影响问题的研究,要人们用不同的方式走 3 分钟。其中一半的实验参与者要大步走、摆动胳膊、昂首挺胸,另一半则要小步、拖着脚走路,眼盯地面。实验结束后,所有实验参与者都要给自己的快乐指数打分。实验结果显示了"表现"原理的威力:大踏步走的人与拖着步子走的人相比,明显感到更快乐。可见,快乐是可以被创造的,身体上小小的改变,就能让身体充满正向的能量。

二、交往表现理论——握手带来的能量激发

"表现"理论还能帮助人们在相识后留下好印象,变得更亲密。来自海德堡大学的塞比娜·科赫着迷于人体活动对头脑的影响这一主题。她对舞蹈的心理学研究证明:当人们流畅地运动时,他们会感到更快乐;而当人们做固定的直线运动时,他们会感到情绪低落。意识到很难让人们在现实生活中一直跳舞,科赫将自己的注意力转向一个更实际的行为:握手。

科赫教一组测试人员用两种不同的方法握手。一些人学习如何顺畅地握手,另一些人学习如何生硬地上下握手。然后,这些人勇敢地与将近50个实验参与者握手。每一次握手后,科赫都会询问实验参与者的感受。结果是显著的。与那些和动作生硬的人握手的实验者相比,那些和动作顺畅自然的人握手的实验者感到更加快乐,与对方心理上更加亲近,认为这

些人更加招人喜欢、态度随和。那些握手动作顺畅的人使实验参与者表现得更加快乐，而这反过来也令握手测试人员自我感觉良好。

科赫的研究可以用来帮助人们打造良好的第一印象。科赫教给调查者各三种"顺畅"和"生硬"的握手方式，然后得出了很有趣的发现。科赫的"顺畅"的握手方式是：握住别人的手，缓慢流畅地上下移动自己的手。相反，"生硬"的握手方式指的是突然将手移下，停一小会儿后再快速地将手抬起来。人们也可以自学掌握科赫握手法。一开始，你的动作可能看上去有点奇怪做作，但只要多加练习，它们就会变得更加自然。尽量精确地重复"顺畅"地握手。一旦对自己的"科赫握手法"感到自信了，可以在现实生活中多加应用。因为与他人顺畅地握手，能给别人留下美好的印象。

三、言语表现原理——说话催发正能量生长

心理学家对语言内容和方式进行了一些研究，也检验了说话的内容与方式会影响人的情绪和正能量的释放。

20世纪60年代末，美国临床心理学家艾米特·费尔腾想要找到一种在实验室中制造快乐的简单、快捷的方式。费尔腾想知道，人们快乐、自信地说话会产生怎样的结果。为了找到答案，他找来一批志愿者，将他们随机分为两组，并给每一组一沓卡片。

第一组实验参与者拿到的卡片中，最上边的一张向他们说明：每张卡片内容不同，他们要大声地念出卡片上的话。第二张卡片上写着：今天既不比过去好，也不比过去差。实验参与者根据指示大声地念出了这句话，继而念下一张卡片上的内容："然而，我今天感觉确实不错。"慢慢地，实验参与者念完了全部60句话，接近结束时，卡片上的话变得越来越积极正面。

第二组实验参与者也要念出卡片上的话，但这些话并不是积极向上的。于是，整个实验过程中，他们一直在大声朗读各种事实，包括"土星有时候与太阳和地球连成一线，所以我们看不到它""东方列车行驶在巴黎和伊斯坦布尔之间""希望钻石能通过普通的邮政业务从南非运送到伦敦"等。

实验的最后，费尔腾让所有的实验参与者为自己的快乐指数打分。第一组的参与者情绪反应相当好，而第二组的参与者没什么特别的感觉。

受到费尔腾实验结果的鼓舞，其他的心理学家迅速采纳了这一实验程

序,以此让世界各地的实验参与者快乐起来。

但是,其他的实验并不是让参与者只读单个的句子。比如,夏威夷大学的伊莱恩·哈特菲尔德和她的同事们在实验中,让一组参与者朗读一个段落,其中虚构了他们的朋友为其举办生日惊喜派对的场景,另一组实验参与者则朗读一段描写他听说自己的亲人患病时的场景。

朗读这两个段落让实验参与者的情绪大为不同:与亲人患病相比,那些生日时得到来自朋友的惊喜的实验参与者感觉好得多。让实验参与者像他们真的感到高兴或难过时一样说话,可以切实影响他们的内心能量。

"表现"原理(正能量)不仅是让你挤出一个微笑,而是可以应用到日常生活中人类行为的各个方面,包括走路的方式、说话的内容,因为在这些不起眼的行为中,蕴含着神奇的能量。受到以上实验结果的鼓舞,学者们很快投入对"表现"原理应用的其他研究中去。

四、快乐原理——正能教育积聚正能量从快乐开始

19世纪末,俄国著名的戏剧导演康斯坦丁·斯坦尼斯拉夫斯基创造了"体验式表演"法,震撼了整个戏剧界。这一方法的重点在于,通过让演员控制自己的行为,继而在舞台上感受到真实的情绪。这种表演方法通常被称为"设身处地法"(如果我真的正在经历着这样的情绪感受,我该怎么表现?),它被包括马龙·白兰度、沃伦·比蒂、罗伯特·德尼罗在内的众多著名表演艺术家广泛采用。

同样的方法也可以应用于对"表现"原理的实验室研究中。现在,假设你就是一个被试,正在参与一个验证"表现"原理的实验。一开始,请先将被试的快乐程度从"一"到"十"为基准打分。然后,请被试开始笑。当然,这不是让被试在脸上挤出一个仓促、虚伪、转瞬即逝的微笑,而是让被试真正地表现出快乐。被试按照要求做如下行为:

(1)被试坐在镜子前。

(2)被试放松自己额头和脸颊的肌肉,嘴唇微张。在科学领域,被试脸上的表情是"中立"的,就像一幅等待被修饰作画的空白画布。

(3)被试将嘴角肌肉向耳朵方向上拉。尽可能地大笑,笑到眼睛周围的皮肤开始出现皱纹。最后,被试将眉部肌肉轻轻抬起,保持这个表情二十秒。

(4)被试收起表情,想想自己现在的感觉。请被试比较实验前后的愉悦感受,再让被试从一到十打分,评价自己的心情,结果大部分被试都说这个练习让自己感觉更加快乐。

实践证明,通过"设身处地法"的快乐表现,甚至只要改变自己的面部表情几秒钟,你就能感受到情绪上的巨大变化,负面能量也随之被驱散。为了提高快乐指数,我们可以将这种微笑的方法应用到个体的日常生活中去。如我们可以画两张你开怀大笑时的自画像,提醒自己经常微笑。其中一张自画像画在 A4 大小的纸上,另一张画在 5 厘米见方的纸片上。尽量把自己画得幽默、快乐一些。将大的画像挂在家中显眼处,小的画像放在钱包或钱夹中,让它们时时提醒你记得微笑。

催生正能量,就是那么简单。为了确保实验结果的真实性,许多科学家也着手进行如上创新型实验类似的研究。如密歇根大学的研究者们让实验参与者重复发出"子"的声音(就像茄子中的"子")以此在脸部形成微笑,他们也让实验参与者发出"呦"的声音,以此在脸部形成反感的表情。又如华盛顿大学的心理学家们把两个高尔夫球球座分别放在实验参与者的两道眉毛间,然后让他们做一些面部动作。其中一组实验参与者要通过挤眉头等方式让两个高尔夫球座相碰,这样就形成了一种不悦的面部表情。而另一组实验参与者要确保两个高尔夫球座分开,这样就形成了一种更加中立的面部表情。还有一项德国研究者的实验。德国研究人员告诉实验参与者,他们正在研究帮助高位截瘫者的新方法。实验参与者中,一半的人要用牙齿保持一支笔水平固定,面部形成微笑的表情,另一半的人要用嘴唇衔住笔,面部形成皱眉的表情。那些不断地发出"子"的声音、保持球座分离、用牙齿咬住笔的实验参与者顿时感到自己变得快乐起来。一次又一次,研究人员证实了"体验式表演法"和"设身处地法"快乐理论的正确性。快乐表现行为真的能够影响情绪,因此,就如表现原理所示,人们有可能通过积极表现随心所欲地控制情绪激发内心的正向能量。这一结果使研究者们兴奋起来,他们开始探究这一原理对身体以及头脑的影响。

以上这些与正能相关的理论研究对我们今后进一步开展正能教育研究具有重要意义。

第三节　正能教育的内涵和价值

当今社会,人们的知识和能力在经济发展和社会生活的方方面面越来越起到决定性的作用。教育的本质是什么？一种观点认为教育属于上层建筑,教育为政治服务,这主要是指教育要为国家培养接班人。另一种观点认为教育是生产力,这主要是指科学技术是第一生产力,而人是生产力中最活泼的因素。教育能为科学技术提供强有力的人力支持,培养大批掌握现代科学技术的高素质的劳动者、专业技术人员、创新拔尖人才。教育属于上层建筑也好,属于生产力也罢,这两种不同观点的共同点是教育要培养人、改造人。

一、什么是正能教育

何谓正能教育？毋庸置疑,正能教育就是通过传授科学知识、提升综合素质、挖掘内在潜能、张扬个性的教育(图 1-1)。通过正能教育可以使所有受教育者在自身原有的基础上潜能得到最大限度的发掘,个性得到最大限度的张扬,品德得到最大限度的培养,自身逐渐形成良好的道德、科学的思维、健全的人格、健康的心理、强壮的体魄和较高的人文素养,使所有受教育者成为对社会发展有益且个人生活快乐幸福的人,使他们在人生漫长的过程中不断为社会做贡献,不断提高自己生活的质量,不断实现自己人生的价值。

具体来讲,所谓正能教育,可以用令人信服的真理,用生动具体的事实去激励、影响学生,调动学生内在的积极因素,尽可能地把消极因素转化为积极因素,引导他们前行。开展正能教育,是思想政治课教学目的本身决定的,可以使学生知晓革命道理,提高思想觉悟,树立社会主义核心价值观。要教育、培养学生成为四有新人,必须激发调动学生内在的正能量因素。可见,正能教育又是指以灌输革命真理和科学道理,宣传正能量事例为主要内容的教育。

正能教育不能被单纯看作激励教育或者正面教育,它通过不断鼓励、

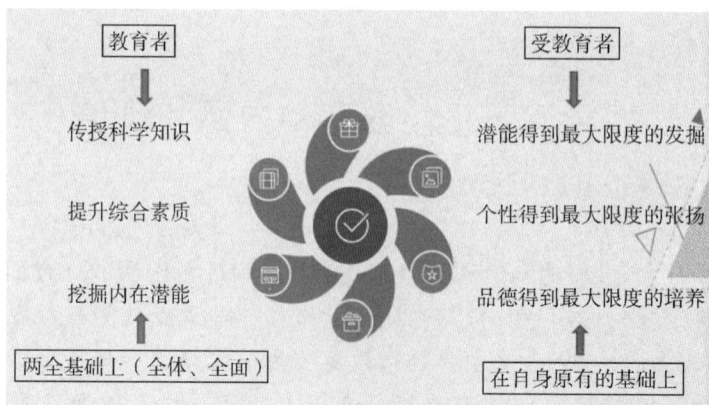

图 1-1　正能教育教学观

引导受教者向社会公认的、社会可接受的方面发展。所以，一切能激发正能量、发掘学生潜能、张扬学生个性发展的学校教育活动都属于正能教育，它不仅包括德育内容，更重要的是涵盖各学科课程的教学。同时，某些反面教育也可以成为正能教育的一部分，如今电视上某些法治在线系列案例说法就属于正能教育的反面教材。

正能教育可以联系思想实际，深入浅出开展红船精神、长征精神、航天精神、抗疫精神教育；同时内容要生动，形式要多样，防止空洞说教，"无的放矢"。因此，内容既可以讲解政治理论，宣传党的路线方针政策，也可以宣扬英雄模范事迹以及进行革命传统教育等。常采用学科课程授课、时政宣讲、举办学习班、开讲座、作报告、作演讲、办小报、参观访问、召开经验交流会等形式。

不管是素质教育还是核心素养的培养，它们的关键问题都是"两全"，即教育要面向全体学生，促使学生全面发展。真正实现正能教育就必须大力推进素质教育和培养学生关键能力，而全面实施素质教育的意义就在于真正培养正能量的核心素养。长期在一线教学管理实践中始终把全面实施素质教育、真正实现正能教育作为我们一贯的追求和崇高理想并为此做出不懈的努力，我们把培养教育人的过程看作实现正能教育的过程，而实现正能教育的全部意义是为社会培养德智体美劳全面发展的高素质的人。围绕此我们做了大量有关正能量释放卓有成效的工作，并取得丰硕成果。

如何在高中思想政治课教学实践中培养和提升学生核心素养的正能量？这是一线思想政治课教师必须思考的问题。思想政治课与正能量密切相关。从内涵和课程性质上看，思想政治课程以培养和提升学生的政治认同、理性精神、法治意识和公共参与作为学科核心素养,释放源是正能量的发动机,社会转型时期社会矛盾的激化造成中学生思想上和认知上的困惑,互联网络带来的消极影响削减了中学生的正能量。我们应该克服负效应,聚合正能量,尽可能不让负能量思想影响正能教育。

那么如何让思想政治课成为正能量的释放源?我们必须以党的路线、方针、政策为指导,重点论证如何让高中思想政治课程更好发挥自身的正能教育作用,尤其在立德树人、加强社会主义核心价值体系教育和完善中华优秀传统文化教育等方面成为正能教育的释放源。紧贴实际,把立德树人作为教育的根本任务摆上高中思想政治课程的重要议程,围绕"一个主题、一个阵地、一个关键、一个环节、一个机制"构建高中思想政治课学科建设的"五个一"工程,即从课程性质、目标、内容、师资、方法手段探讨如何让思想政治课更好地成为正能量的释放源。因此,我们重点突出两个方面:一是从思想政治学科本质特征角度出发,阐述思想政治学科教学本身就是传播正能教育的释放源;二是从思想政治学科教育目标的角度,通过正能教育不仅坚定教育者作为传播者的正能量情怀,更要培养千千万万的正能量的释放体,使其成为正能量不竭的释放源。同时,本书强调通过搭建一个平台或创设一个机制,促进信息技术与思想政治学科教学的深度融合,实现基于信息技术的因材施教,更好更快地推动正能量的释放。

二、正能教育的价值

在大数据时代,靠教师主体说教模式开展的正能教育已经无法与当前中学生数据化、个性化成长特征相匹配,如何突破传统中学思想政治课教学的瓶颈,找到新时代中学生容易接受且理解的思政教育教学方法,是中学思政教师需要认真思考的问题。在中学思政课堂,要将理论和实践有机结合起来,需要一种新理念和新模式。正能教育的核心是倡导教育者应从学生的积极道德品质、个性发展与发掘潜能愿望出发,通过鼓励、肯定、引导等正面方法,让学生消除不良的道德品质,获得心灵的成长。要注重唤醒中学生的主体意识,启迪他们的心智,建立起尊重、理解、关爱、信任、公正的教育关系,同时将社会、家庭、学校等多方资源进行有机整合,为中学生积极道德品质、心智潜能发掘、独立个性发展的培养奠定坚实的基础。

正能教育的价值是使受教育者个性得到最大限度的张扬,品德得到最大限度的培养,自身逐渐形成良好的道德、科学的思维、健全的人格、健康的心理、强壮的体魄和较高的人文素养，在中学思想政治课教学工作中，正能教育的价值主要体现在以下三个方面：一是使学生成为对社会发展有益且个人生活快乐幸福的人，有助于他们身心健康成长。近年来，中学生心理健康问题已经成为全社会关注的焦点之一。学业不理想、学习困难、人际关系紧张、就业形势严峻等给中学生心理造成了很大的压力。如何应对困难，是埋怨逃避还是勇敢面对，每个中学生的方法和心态都不尽相同。正能教育能够引导中学生走出心理和情绪的困境，帮助中学生找到正确的方向和答案。二是引导他们在人生漫长的过程中不断为社会做贡献，帮助学生提高道德修养水平。正能教育的核心是塑造积极人格，包括乐观、勤奋、真诚、勇敢等很多正能量品质，这也是每个人获得成功的重要因素。正能教育能够帮助中学生形成积极心理，坚定理想信念，保持豁达胸襟和愉快情绪，提高中学生道德修养水平，让中学生在遇到问题与困难时学会冷静客观地进行分析，具备化解矛盾、克服困难的能力与毅力。三是有利于促进和谐关系的构建，不断提高自己生活的质量，不断实现自己人生的价值。中学生在面对繁重学业的同时，还需要学会如何处理好各种关系，这也是他们未来走向社会需要学习的重要一课。正能教育能够引导中学生积极面对各种人际关系，妥善处理人与人之间的矛盾，帮助他们建立起良好的生生关系和师生关系。和谐的人际关系才能营造和谐的教育环境，为优化思政教学过程、提高思政教育质量提供重要保障。

第二章

思政课与正能量

中国特色社会主义进入新时代,这是我国发展新的历史定位。一代又一代中华儿女接续奋斗,是中华民族伟大复兴中国梦实现的前提条件。习近平总书记在党的十九大报告中指出,"青年一代有理想、有本领、有担当,国家就有前途,民族就有希望"。高中思想政治课是一门塑造学生思想灵魂的课程,其教育对象是中学生,他们富有朝气,怀揣梦想,急需正能量的影响和教育。通过高中思想政治课的学习,对学生进行积极有效的正能量引领,并内化为自身的正能量,进而转化为社会的正能量,从而实现正能量的正向传递,达到高中思想政治课立德树人的目的。如何在高中思想政治课教学实践中培养和提升学生正能量?这是一线思想政治课教师必须思考的问题,本书就教学实践阐述几点教学主张。

第一节　高中思想政治课的理念内涵和课程性质

思想政治课是普通高中必修课程。《普通高中政治课程标准(2017年版 2020 年修订)》指出:高中思想政治课是落实立德树人根本任务的关键课程,以培育社会主义核心价值观为根本目的,是帮助学生确立正确的政治方向、提高思想政治学科核心素养、增强社会理解和参与能力的综合性、活动型学科课程。

一、基本理念

(一)坚持正确的思想政治方向

高中思想政治课坚持理论与实践相结合的原则,对学生进行马克思主义基本理论教育,用习近平新时代中国特色社会主义思想铸魂育人,培养德智体美劳全面发展的社会主义建设者和接班人,使他们理解马克思主义中国化的本质就是马克思主义基本原理同中国具体实际相结合,习近平新时代中国特色社会主义思想是马克思主义中国化的最新理论成果。

面对当前社会变革和实践创新中的新挑战、新问题,要用历史的眼光、国情的眼光、辩证的眼光、文化的眼光和国际的眼光,引领学生通过观察、辨析、反思和实践，真学真懂真信真用马克思主义，在人生成长的道路上把握正确的思想政治方向。

（二）构建以培育思想政治学科核心素养为主导的活动型学科课程

高中思想政治课力求构建学科逻辑与实践逻辑、理论知识与生活关切相结合的活动型学科课程。学科内容采取思维活动和社会实践活动等方式呈现，即通过一系列活动及其结构化设计，实现"课程内容活动化""活动内容课程化"。高中思想政治课关注思想政治学科核心素养的培育，坚持教育与生产劳动和社会实践相结合，着眼于学生的真实生活和长远发展，使理论观点与生活经验、劳动经历有机结合，让学生在社会实践活动的历练中、在自主辨析的思考中感悟真理的力量，自觉践行社会主义核心价值观。

（三）尊重学生身心发展规律，改进教学方式

高中思想政治课针对高中学生思想活动和行为方式的多样性、可塑性，着力改进教学方式和学习方式。在课程实施中，要充分利用现代信息技术，拓展教育资源和教育空间；要通过议题的引入、引导和讨论，推动教师转变教学方式，使教学在师生互动、开放民主的氛围中进行；要通过问题情境的创设和社会实践活动的参与，促进学生转变学习方式，在合作学习和探究学习的过程中，培养创新精神，提高实践能力。

（四）建立促进学生思想政治学科核心素养发展的评价机制

高中思想政治课紧紧围绕思想政治学科核心素养的形成与发展，建立激励学生不断进步的发展性评价机制。要注重学生学习、劳动和社会实践活动的行为表现，采用多种评价方式，综合评价学生的理论思维能力、政治认同度、价值判断力、法治素养和社会参与能力等，全面反映学生思想政治学科核心素养的发展状况。

二、课程性质

高中思想政治课程紧密结合社会实践，讲授马克思主义基本原理，特别是马克思主义中国化最新成果，引导学生经历自主思考、合作探究的学习过程，理解中国特色社会主义进入新时代的历史定位，了解新时代中国

特色社会主义经济、政治、文化、社会、生态文明建设和党的建设进程,培育政治认同、科学精神、法治意识和公共参与等核心素养,逐步树立共产主义远大理想和中国特色社会主义共同理想,坚定中国特色社会主义道路自信、理论自信、制度自信、文化自信,基本形成正确的世界观、人生观、价值观。

高中思想政治课程具有学科内容的综合性、学校德育工作的引领性和课程实施的实践性等特征,凸显了思想性和方向性,也鲜明地规定了正能量教育的目标。它与初中道德与法治、高校思想政治理论等课程相互衔接,与时事政治教育相互补充,与高中其他学科教学和相关德育工作相互配合,共同承担思想政治教育立德树人的任务。

高中思想政治课程的学习内容有必修、选择性必修和选修三类,包括必修课程"中国特色社会主义"、"经济与社会"、"政治与法治"、"哲学与文化"四个模块,并规定了选择性必修是"当代国际政治与经济"、"法律与生活"、"逻辑与思维",选修是"财经与生活"、"法官与律师"、"历史上的哲学家",为不同发展方向的学生提供全面而有选择的课程。

从高中思想政治课程结构的设计上看,结合了学科性质和学生年龄特征,将习近平新时代中国特色社会主义思想融入课程之中,强调党的领导的重要性,强调坚持中国特色社会主义道路,同时聚焦政治认同、科学精神、法治意识和公共参与的思想政治学科核心素养,强化爱国主义、集体主义、社会主义教育,引导学生自觉践行社会主义核心价值观,树立共产主义远大理想和中国特色社会主义共同理想;感悟人生智慧,过有意义的生活,以锐意进取的态度和负责任的行动促进社会和谐;懂得权利与义务的关系,养成依法办事、依法行使权利、依法履行义务的习惯;遵循规则,有序参与公共事务;热心公益事业,践行公共道德,乐于为人民服务;积极参与民主选举、民主协商、民主决策、民主管理、民主监督的实践,体验人民当家作主的幸福感;勇于担当社会责任①。

---

① 摘自普通高中思想政治课程标准(2017年版2020年修订)[M].北京:人民教育出版社,2020.

第二节　思政课是"正能量"的发动机

"正能量"在心理学中指激发个体内在潜能，增强个人自信，重塑个人形象。现代语义中，"正能量"已经成为积极乐观、催人奋进的象征性符号，它是一切使人奋发向上、向善向美的事物、现象、言论、行为，是一切有利于国家统一、民族团结，有利于社会发展进步的思想、理论、观点、声音，能提振精神给人以幸福的动力和美好的情感，是正义的力量、科学的力量。它既可以是物质的力量，也可以是精神的力量，特别是道德的力量。一切教育的目的都包含着激发正能量，高中思政课作为立德树人的主阵地，理应在当前信息多元化、各种价值观交错的背景下充分发挥自身的正能量作用，在弘扬社会主义核心价值观和中华优秀传统文化教育等方面成为正能量的"发动机"，有效地、科学地引导青年学生，为他们的成长加油。

教育大计，教师为本。思政课教师是上好思政课的关键，传递正能量是衡量思政教师能力的尺子。有人说："一个老师的态度和期待可能会影响一个孩子的一生。正能量才能带来正能量，师生双赢才是真正的成功。"这句话颇有道理。亲其师，才能信其道。2019 年 3 月，习近平总书记在学校思想政治理论课教师座谈会上，强调"办好思想政治理论课关键在教师，关键在发挥教师的积极性、主动性、创造性"，并对思政课教师提出了政治要强、情怀要深、思维要新、视野要广、自律要严、人格要正的要求。这启示我们，思政课教师应具备的正能量绝非字面理解的积极向上的情绪，其正能量的内容应包含着坚定的马克思主义信仰、正确的三观、乐观向上的态度。思政课教师必须是正能量的生发者、凝聚者、践行者，其正直的思维、正面的语言、正确的行动、乐观的心态等正能量，会如阳光一般普照着每一个学生，让他们感受到温暖，从而逐渐地成为温暖的人。

思政课教师要为师有道、为教有法、为人有品。为师有道必须做到以下"四要"：

一要树立正确的世界观、人生观和价值观，坚定道路自信、理论自信、制度自信、文化自信，牢牢把握思政课教学的正确向度，善于从政治上看问题，在大是大非面前保持政治清醒，坚守思想政治教育的主阵地、主渠道，牢牢掌控思政教学的话语权和主导权。

二要不断提升思政课教学的理论温度,保持家国情怀,在正能量的世界里,和学生同频共振,给学生心灵埋下真善美的种子;要与时俱进,把握最新理论前沿,在教学方法、教学手段上下功夫,推动正能量的实践教学,给学生深刻的学习体验。

三要将知识视野、国际视野和历史视野有机统一,善于在历史和世界的比对中凸显中国优势和中国特色,讲好中国故事,传播中国声音。

四要严于律己,要铭记党纪国法,牢固树立红线意识、底线意识,以弘扬和践行社会主义核心价值观为己任,坚持理论学习与社会实践相统一,自觉弘扬主旋律,用道德和人格的正能量感染学生、影响学生,用以身作则的表率作用教育学生、赢得学生,进而才能激发出思想政治教育的强大感召力。

思政课教师要为师有道,为教有法,为人有品,必须具备正能量,这是基础。思政课教师还要善于传递正能量,这就需要挖掘思想政治课课程资源,创新正能量传输方式,持续向学生传播正能量。思想政治课的内容以中国特色社会主义理论为中心,本来就是典型的"正能量",它对学生的基本要求是树立正确的世界观、人生观和价值观,保持积极向上、健康乐观的心态,培养自强不息、勇于进取的精神。在课堂教学过程中,思政教师要充分利用每个必修模块各个章节的内容课程资源,及时向学生宣传正能量。例如,在必修1《中国特色社会主义》的第四课"只有坚持和发展中国特色社会主义才能实现中华民族伟大复兴"中,教材以"中国为什么能"为议题,探究只有中国特色社会主义才能发展中国的道理。教材讲述了中国特色社会主义进入了新时代,这是我国发展新的历史方位。了解党的十一届三中全会实现历史性转折的意义,理解中国特色社会主义是党和人民在革命、建设时期付出各种代价,经过接力探索,在改革开放新时期开创的,开创中国特色社会主义从根本上改变了中国人民和中华民族的前途命运,不可逆转地开启了中华民族走向伟大复兴的征程。可结合载人航天、探月工程、北京奥运会、抗震救灾、防疫抗疫等,讨论改革开放以来中国发生的巨变和社会主要矛盾的变化,评述中国特色社会主义进入新时代,意味着近代以来久经磨难的中华民族迎来了从站起来、富起来到强起来的伟大飞跃,意味着科学社会主义在21世纪的中国焕发出强大生机活力;评述中国特色社会主义道路、理论、制度、文化不断发展,拓展了发展中国家走向现代化的途径,给世界上那些既希望加快发展又希望保持自身独立性的国家和民族提供了选择，为解决人类问题贡献了中国智慧和中国方案。在必修3《政治与法治》第六课"我国的基本政治制度"中有关"人民群众直接行使民主权利的生动实践"中，教材讲述了我国公民参与政治活动的几种主要渠道和方式：民主选举、民主决策、民主管理、民主监督、民主协商，引导学生珍惜自己享有的民主权利，增强学生的主人翁责任感，培养公民观念，培育法治意识。在必修4《哲学与文化》第三单元"中华文化和民族精神"中，通过对源远流长、博大精深的中华文化和民族精神的介绍，强化学生对本民族文化的认同感和归属感，增强爱国主义教育，培育学生政治认同感。在必修4《哲学与文化》第五课"寻觅社会的真谛"中，教材讲述了社会历史的本质、社会历史的发展和社会历史的主体，通过对社会发展的基本规律、社会发展总趋势和社会发展主体的学习，引导学生尊重社会发展规律，培育科学精神，坚定为社会历史发展和人类进步事业作贡献的信念，培养学生尊重劳动、热爱人民的情感。

思政课可以积极探索"生本、生活、生态"的课堂教学模式，它是正能教育传递正能量的思想教育典型。"生本"强调教中有学、学中有教的新型教学关系，关注学科核心知识结构，关注师生课堂创生知识，关注对非认识技能如社会情绪、团队合作、可迁移技能等的掌握，让学生经历真实的探究、创造、协作与问题解决，关注基于学科和基于生活主题统整的综合学科实践活动，让学生经历典型的学科实践过程，增强程序和模型意识，形成相应的思维方式、实践能力和责任担当意识。"生活"强调从学生的相对熟悉的实际生活出发，从中挖掘素材与文本的融通之处，与学生的生活体验相结合，让学生在生活中理解运用知识，教会学生留意身边的人和事，时刻关注家乡和祖国的发展变化，培育爱国爱乡情怀。"生态"具有生命性、多样性、整体性、开放性及共生性等特征，强调课堂要充满生命活力，构建一种适合师生生命发展的"原生态"课堂，即把学生、教师、学习内容、学习方法、学习评价及学习环境看成一种整体的、和谐的、可持续发展的以及符合学生生理特征和学习生活习性的课堂形态。教师成为学生学习的合作者、帮助者以及学生发展的引导者、促进者，以民主的教学作风实现课堂中师生平等的对话，让师生、同伴间互相激发、共同参与、合作交流、质疑探究，在浓郁的、生成的、互动的、幸福的、体验的学习氛围中，不知不觉地实现着从文化到精神的"潜滋暗长"，共同发展，和谐发展。

思政课教师要为师有道，为教有法，为人有品，就必须具有明显的政治性和时代性。教师应注重搜集新近发生的时事政治素材，直面社会现实，通过"以案说法"来增强教学的现实感和新鲜感，引起学生的关注和共鸣，实现正能量传播。学生通过分析时政热点材料，及时了解世界，扩大视野，增强社会责任感和使命感，提高辨别是非和自我管理能力，这种能力本身蕴含着正能量的因素。在人类道德大厦中，情感是最稳定最核心的因素。教育要持久和稳固，就必须以学生发自内心的自觉接受和情感上的主动认同为基础。若仅仅展示正面的素材，来验证课本上的表述，会让学生觉得虚假空洞，甚至产生反感，若过多地展示负面素材，则会导致学生对党和政府及社会产生错误的认识。因此，思政课要根据学生实际和教学需要，恰当地选择时政素材，给课堂注入时事政治这一活水，强化正能量培育，使学生的心态保持积极健康，对当前的学习充满信心，将来对社会敢于担当，勇于奉献。

第三节 克服负效应,聚合正能量

中学德育应充分发挥思想政治课程的正能量作用,在立德树人、加强社会主义核心价值体系教育和完善中华优秀传统文化教育等方面成为正能量的释放源。以下几点策略来自我们的实践与思考:

一、善用课程资源,构造"生态德育"的育人载体

思政课是中学德育的主阵地,充分发挥其育人载体的功能,有利于构建中学"生态德育"模式。习近平总书记说,思政课教师要给学生心灵埋下真善美的种子,引导学生扣好人生第一粒扣子。思政课教学就要以马克思主义基本观点为内容,善于挖掘在课本里、在社会生活里、在网络世界里的正能元素、正能力量、正能价值、正能需要来激发学生的正能量。

(一)善于挖掘课程教材内容为育人载体

德育内容求"小",即对学生的要求要具体、形象、直观。例如,除必修课程初中"道德与法治"和高中"思想政治"教材外,学校可组织编撰"三经"(《易经》《道德经》《论语》)校本教材,把抽象的德育具体化,这种中华文化的熏陶方式让学生更容易接近。

(二)善于捕捉校园德育活动为育人载体

德育教育形式要求"近",即要贴近新时代背景、贴近我们的生活,大胆舍弃过去只提"真、善、美"而不讲"假、恶、丑"的教育。德育教育要善于捕捉活动资源,学校做到节庆文化、重大纪念活动课程化,全员德育活动化,让学生在学习过程中充满"主体感"、"仪式感"和"节奏感",让正能量融入中学生的生活。在活动中我们对中学生进行"十大新观念"树立的指导。"十大新观念"是指自信、自立、自强的观念,公平、公正的观念,进取的观念,合作的观念,效益的观念,信息的观念,民主和法制的观念,务实的观念,权利与义务的观念,互惠互利的观念。以自信、自立、自强的观念为例,

在活动中明确这三者对建构人生意义的重要性。引导学生掌握真本领，持之以恒地努力，成就强大的自己；做到胸怀大志，又脚踏实地；能适应任何环境，百折不挠，坚定地走自己的路。自信是成功的第一秘诀，要相信自己行，做到心中有理想，眼里有目标，既要胸怀大志，又要脚踏实地；要深窥自己的内心，而后发觉一切奇迹的发生在你自己；要坚定信念，不忘初心。自立即"做不一样的自己"，要建立健全的人格、和谐的人际关系，要有不畏艰险的勇气，有忍受任何痛苦的意志力，有适应任何环境的自信，坚定地走自己的路，就一定能做不一样的自己。在自信和自立的基础上，学到真本事，掌握真本领，通过持之以恒的努力，就可以成就强大的自己，这就是自强。

二、提供道德考验，创造"正""邪"博弈的教育机会

学习是一个不断纠错的过程，成长就是不断"试误"的过程。没有错误就不必来学校受教育，没有错误也不必学习了。从这个意义上讲，学校就是学生出错的地方，是孩子生命之流真实涌动的河床。如果来学校只接受"纯洁正面"的教育，把人世间一切的美好、一切的清规都弄懂那是极其幼稚的。用"道德"绑架孩子的童年，孩子失去历练，失去免疫力难以茁壮成长，走出学校，没有能力辨明真假。基于人的本性皆有善和恶两种因素的认识，我们在校园尽可能地创造"正""邪"博弈的教育机会，提供道德考验，让孩子在正与负价值取向中产生思想抗争，在抗争中选择，在选择中得到指导，在改错中进步，从而在"善""恶"博弈中自觉向善，实现学生自我认识和自我教育。

例如，在校园里设置"开放棋社"和"开放书吧"。这种"棋社""书吧"无人看管，不需要办理任何借还手续，在下课、午休与放学时间总有许多孩子在那里静静地下棋或看书。表面上看，这是方便孩子参与积极健康的课外活动与课外阅读，其实是在营造一个自然而然的更深层次的德育情境。刚开始，书与棋子流失不少，棋子廉价且失去个别棋子还可以进行拼凑成盘，书被偷偷带回家肯定是书中的情节震撼了他，这总比囤藏在书库里更有价值，似乎真的"窃书不算偷"。然而如果放任这种行为，岂不助长了孩子不讲诚信与自私自利的思想？于是"开放棋社"和"开放书吧"就成了道德考验场所，成了学校最具活力的教育资源与契机。学校围绕"开放棋社"和"开放书吧"开展有针对性的教育活动，这种显性德育也是一种生活方式的

培养，在开放环境下的道德考验，孩子战胜自己的自豪感和犯错所承受的批评、自我良心谴责以及改正错误重拾自信心等都不是德育工作者所设计的，而是孩子真实的生命旅程。这种德育资源是自然而然的，教育效果是高效的。

三、提倡隐性德育，营造不留痕迹的教育氛围

隐性德育的特点在于具有隐蔽性和潜在性，在于通过无意识的情境让受教育者在不知是教育的情形中接受教育。正所谓"不言之教，无形而心成"。参加社会实践、阅读经典名著、参观名胜古迹、传承红色文化……都能够传播正能量，帮助学生扣好人生第一粒扣子，感悟立身做人的道理。

青少年阶段正处在人生的"拔节孕穗期"，最需要精心引导和栽培。"吾闻老农言，为稼慎在初。所施不卤莽，其报必有馀。"每一代青少年都被打上鲜明的时代烙印，都有自己的际遇和机缘。有哲学家早就劝诫："你千万不要干巴巴地同年轻人讲什么理论。如果你想使他懂得你所说的道理，你就要用一种东西去标示它。"隐性德育如空气，日用而不觉；像春雨，润物细无声；似春风，著物物不知，往往更容易契合青少年的思维方式、认知特点、精神需求，实现入芝兰之室久而自芳的效果。

隐性德育的资源无时不有、无处不在，高尚的师德师魂就是取之不竭的富矿。作为人类灵魂的工程师，教师不能只满足于做传授书本知识的"教书匠"，而要成为塑造学生品格、品行、品位的"大先生"；既要有高尚的师德，坚持以德立身、以德立学、以德施教，又要有仁爱之心，能够以情动人、以情育人、以情化人。优良的校风学风也是隐性教育的资源。好的校风学风，能够为学生成长创造良好的教育生态，在潜移默化中给学生以人生启迪、智慧光芒和精神力量。教育并不是在玻璃暖房里培养奇花异草，提倡隐性德育，就要倡导开门办课办学，课上课下都下功夫，校内校外都尽责任，形成协同效应，实现全员全程全方位育人。学生既读万卷书，也行万里路，在社会实践、社会活动以及校内各类学生社团活动中，接触广阔天地，激发正能量，涵养家国情怀，树立远大抱负。

安静幽雅的校园环境、丰富多彩的文化活动、天朗气清的网络空间、细心周到的人文关怀、正气充盈的家风家教……在高明的教育工作者看来，一切场合、一切载体、一切方式，都是隐性教育可以融入、嵌入、渗入的地方，只要用心用力用情，就能收到"不言之教胜于教"的效果。

四、挖掘文化内核，增强优秀文化价值认同

校园文化是一所学校的脸面，也是办学的"软实力"。校园文化能否走进学生的心中，转化为正能量，成为学生成长的精神家园，关键看校园文化的话语体系是否符合学生成长的"胃口"。为此，我们挖掘文化内核，打造学校环境文化，建设学校制度文化，构造学校行为文化，向学生呈现"小清新"的文化"画风"，拉近校园文化与学生的距离，增强优秀文化价值认同。

挖掘文化内核：一是充分彰显主流精神、融合多元个性，为学生接受正能量提供土壤；二是结合不同学校不同的发展历程、历史背景和学科特色，明晰定位和思路，把时代精神和价值体系融入日常教育教学中；三是利用通识课程、特色活动、社会实践等弘扬红色文化、革命文化，推进优秀传统文化进校园；四是主动运用新媒体新形式，占领网络舆论高地，营造贴近学生生活、富有青春气息的校园文化形态，如利用图片、表情包、动漫、歌曲音视频等传播正能量，展示学生爱国爱校风采；五是制定规章制度，形成人们都认同的行为规范和道德标准，进而转化为情感认同和行为习惯；六是营造崇尚劳动、鼓励奉献的生活氛围，引导学生主动参与班级管理和宿舍管理，帮助他们提升社会责任感，树立正确的劳动价值观；七是发挥校园体育文化的重要作用，培养学生团队合作精神和集体荣誉感，激发学生积极向上的生活态度；八是组织开展一系列行之有效的教育综合实践活动，如"模拟社会"活动、"环境调查"活动、"廉政文化进校园"活动等，以活动为载体有序开展研究性学习，培养学生发现问题、解决问题的能力。以上八个方面的举措，对于培育传播正能量、增强优秀文化价值认同具有重要意义。

社会需要正能量，国家需要正能量。在利益多元化、价值观念交融化、意识形态白热化的背景下，新媒体时代各种各样的信息充斥在青少年学生的生活中，进而可能给学生思想带来一定的影响，可能是正面的，也可能是负面的。而青少年学生缺少社会经验，认知水平有限，正确的世界观、人生观、价值观尚未形成，无法进行科学理性的判断，甚至会受到不良影响。思政课作为立德树人的关键课程，理应成为指引、引领、激励学生正能量的"发动机"。思政课教师要坚持显性教育和隐性教育的统一，不断克服负效应，有效聚合正能量，充分发挥思政课堂的德育功能，及时培养传播正能量，引导学生形成良好的思想认识和道德品质，使学生成为正能量的发现者、制造者和积极传播者。

第三章

让思政课成为正能量的释放源

党的十八大以来,以习近平同志为核心的党中央高度重视培养社会主义建设者和接班人,坚持把立德树人作为教育的根本任务,不断开创我国教育事业发展新局面。政府主管部门和全国各地中学以此为指导,紧贴中学生思想政治课教学的实际,"把立德树人作为教育的根本任务"摆上思想政治课程的重要议程,我们认为,中学主要围绕"主题、机制、阵地、关键、环节"构建高中思想政治课学科建设的"五个一"工程,探讨如何让思想政治课成为正能量的"释放源"。具体到思想政治理论课教学过程中,应努力做到:立场上"有魂有魄";理论上"有根有据";内容上"有血有肉";目标上"有德有才";师资上"有情有义",策略上"有技有术"。

第一节　从课程性质看,紧扣意识形态,凝聚正能量

2019 年 3 月,习近平总书记主持召开学校思想政治理论课教师座谈会并指出,党中央对思想政治工作高度重视,始终坚持马克思主义指导地位。思政课教学是强化以社会主义意识形态为方向,坚持政治性和学理性相统一。

普通高中思想政治课程标准是依据中央关于学校德育工作的有关文件和《国务院关于基础教育改革与发展的决定》。其中规定高中思想政治课是落实立德树人根本任务的关键课程,以培育社会主义核心价值观为目的,是帮助学生确立正确的政治方向、提高思想政治学科核心素养、增强社会理解和参与能力的综合性、活动型学科课程。

由此,我们可以这样分析思政课的正能元素:

(1)思政课是进行马克思列宁主义、毛泽东思想、邓小平理论、"三个代表"重要思想、科学发展观、习近平新时代中国特色社会主义思想的基本观点教育。我们如果从课程的价值取向看,思政课就是一门进行马克思主义基本观点教育的课程。高中思想政治课程紧密结合社会实践,讲授马克思主义基本原理,讲授马克思主义中国化成果特别是习近平新时代中国特色社会主义思想,引导学生经历自主思考、合作探究的学习过程,理解中国特色社会主义进入新时代的历史方位,了解新时代中国特色社会主义经济、政治、文化、社会、生态文明建设和党的建设进程,培育政治认同、科学精

神、法治意识和公共参与等核心素养,逐步树立共产主义远大理想和中国特色社会主义共同理想,坚定中国特色社会主义道路自信、理论自信、制度自信、文化自信,基本形成正确的世界观、人生观、价值观。

(2)思政课是以社会主义物质文明、政治文明、精神文明、生态文明建设常识为基本内容,引导学生紧密结合与自己息息相关的经济、政治、文化、社会生活。我们如果从课程内容来看,这是一门提高学生思想认识,提高学生融入社会生活能力的课程。

(3)思政课是经历探究学习和社会实践的过程,学生通过此课程的学习,领悟辩证唯物主义和历史唯物主义的基本观点和方法,切实提高参与现代社会生活的能力,逐步树立建设中国特色社会主义的共同理想,初步形成正确的世界观、人生观、价值观,为终身发展奠定思想政治素质基础。我们从培养目标来看,这是一门为学生终身学习培养公民思想政治素质的课程。

可见,我们把握新课程的性质,主要应明确这门课程的核心价值、基本内容和培养目标。让思想政治课示范正能量,就应该紧紧围绕社会主义核心价值观这一主题"进教材、进课堂、进学生头脑",倡导富强、民主、文明、和谐,倡导自由、平等、公正、法治,倡导爱国、敬业、诚信、友善,培养中国特色社会主义合格建设者和可靠接班人,确保思想政治课的正确方向。

一、明确以社会主义核心价值观为主题

高中思想政治课程应该严格按教育部课程标准、教学大纲要求,教师以身作则、传递正能量,在日常的教育教学工作中成为践行十八大精神的示范者,做到"四讲四强化",即:讲马克思主义立场观点,强化政治意识;讲共产主义理想信念,强化价值追求;讲社会主义公民道德规范,强化荣辱观念;讲我国现行的法律法规,强化自律精神。不断增进中学生对马克思主义指导地位和共同思想基础的理论认同、政治认同、情感认同。

思政课是培育中学生社会主义核心价值观的主渠道、主阵地。

(一)培养中学生社会主义核心价值观的有效途径

党的十八大报告提出,通过倡导富强、民主、文明、和谐,倡导自由、平等、公正、法治,倡导爱国、敬业、诚信、友善,积极培育和践行社会主义核心价值观①。社会主义核心价值观是党在思想、文化和精神上的旗帜，是一种主导社会思想和行为的价值观。在知识经济和网络时代的新形势下，各种思想、文化相互交织、相互激荡，由此，培养和践行中学生社会主义核心价值观显得尤为重要。如何将社会主义核心价值观教育落到实处，使之内化到中学生自觉的实际行动中，就成为中学生思想政治教育迫切需要开展的工作。

1.对社会主义核心价值观深刻内涵的解读

价值观是人们在认识各种具体事物的价值基础上，对事物价值的总的看法和根本观点。它既可以表现为价值取向、价值追求，也可以表现为价值尺度和准则，成为人们判断事物有无价值及价值大小的评价标准。价值观作为一种社会意识，对社会存在具有重大的反作用，对人们的行为具有重要的驱动、制约和导向作用②。因此，2013 年 12 月 23 日，中共中央办公厅印发的《关于培育和践行社会主义核心价值观的意见》（以下简称《意见》）就指出把培育和践行社会主义核心价值观融入国民教育全过程，并明确要求，培育和践行社会主义核心价值观要从小抓起、从学校抓起；拓展青少年培育和践行社会主义核心价值观的有效途径等。

中央党校教授辛鸣认为，这些年来，我们取得了巨大的经济成就，但软实力需要进一步加强，而软实力中最核心的就是核心价值观。社会主义核心价值观可以说是"兴国之魂"。社会主义核心价值观是社会主义核心价值体系的内核，体现社会主义核心价值体系的根本性质和基本特征，反映社会主义核心价值体系的丰富内涵和实践要求。积极培育和践行社会主义核心价值观，有利于打牢全体人民团结奋斗的共同思想基础，实现社会主义现代化和中华民族伟大复兴；有利于汇集科学发展的强大力量，应对各种挑战与风险；有利于培育安定团结、和谐向上的良好氛围，促进社会和谐；有利于加强道德建设，实现人的全面发展；有利于引领社会思潮，凝聚社会共识，汇集建设中国特色社会主义的强大力量③。

党的十八大提出的"三个倡导"，是中国特色社会主义在国家、社会、公

---

① 中共中央办公厅.关于培育和践行社会主义核心价值观的意见[Z].2013-12-23.

② 孙熙国.价值观的导向作用[M]//思想政治:生活与哲学.北京:人民教育出版社,2010:97-98.

③ 季明.社会主义核心价值观[EB/OL].(2014-04-15)[2021-09-16].http://theory.people.com.cn/n/2014/0415/c40531-24898169.html.

民层面的价值反映。《意见》明确指出：从国家层面的价值目标看，倡导富强、民主、文明、和谐体现了中国特色社会主义现代化的价值目标，激励人民实现"两个一百年"的奋斗目标，实现中华民族伟大复兴的中国梦。思想政治必修4《哲学与文化》在第七课"继承发展中华优秀传统文化"中明确指出，在新时代，弘扬和培育民族精神，必须培育和践行社会主义核心价值观。要以培养担当民族复兴大任的时代新人为着眼点，强化教育引导、实践养成、制度保障，发挥社会主义核心价值观的引领作用，实现中华民族伟大复兴的中国梦。从社会层面的价值取向看，倡导自由、平等、公正、法治体现了以人为本、执政为民、民主法治、依法治国，是社会发展的价值导向，如思想政治必修2《政治与法治》从公民、政府、政党等角度阐述了自由、平等、公正和法治。从公民层面的价值准则看，爱国、敬业、诚信、友善体现了中华民族传统美德与社会主义道德的统一，是每个公民应当自觉遵循的道德准则，这一层面内容在根本上与思想政治教育的目标是一致的。如在思想政治必修4《哲学与文化》第七课"继承发展中华优秀传统文化"阐述详细，并明确指出，要大力弘扬中华优秀传统文化，实现中华优秀传统文化的创造性转化与创新性发展，把自强不息、敬业乐群、扶危济困、见义勇为、孝老爱亲等融入国民教育、精神文明建设全过程，使其渗透到精神文化产品创作、生产、传播的各个方面，也推动思想政治教师创新思想政治课教学方式方法，培养"四有"公民。

"三个倡导""24个字"言简意赅，内涵丰富，是社会主义核心价值体系的高度凝练和集中表达，是社会主义核心价值体系建设的创新成果，为培育和践行社会主义核心价值观提供了基本遵循。从"文化生活"角度看，社会主义核心价值观体现了我们党的文化自觉与自信，走中国特色社会主义文化发展道路，适应了时代进步和社会发展的需要，与中国特色社会主义发展要求相契合，与中华优秀传统文化和人类文明优秀成果相衔接，是坚持和发展中国特色社会主义不可偏离的根本价值追求。

2.培育和践行社会主义核心价值观在高中阶段面临的挑战

目前，中学生身心发展特点与高中教育模式的矛盾给培育和践行社会主义核心价值观带来了新的挑战。

（1）中学生思想与行为特点同社会主义核心价值观存在一定的反差。大部分中学生渴望成才，但部分信仰模糊、缺乏崇高理想和人生目标；大部分中学生价值观主流积极、健康，但部分掺杂着金钱至上、利益至上的拜金主义思想；大部分中学生社会道德认同感高，但部分纪律观念薄弱、基础文明有待提高;大部分中学生喜欢集体生活,但部分太过自我、缺乏包容意识;大部分中学生懂得享受生活,但部分缺乏责任意识;大部分中学生思维活跃,但部分学习兴趣与学习意识较弱;大部分中学生处理网络信息化技术水平较高,但部分容易受当代社会思潮影响①。

(2)当代社会思潮对中学生世界观、人生观和价值观存在一定的冲击。随着经济全球化和社会信息化的发展,各种社会文化的交流与激荡日益频繁。而中学生正处于人生观、价值观形成的关键时期,容易受各种社会思潮的影响和冲击,成为易感染不良社会思潮的高危群体,并逐渐呈现出政治意识弱于经济意识、集体意识弱于个人意识、荣誉意识弱于利益意识、吃苦意识弱于享受意识、奉献意识弱于自我意识等不良现象,严重影响他们正确"三观"的形成,也会导致他们在学习、生活及工作过程中动摇理想信念,不利于培育和践行社会主义核心价值观。

(3)高中传统教育模式对社会主义核心价值观教育存在一定的掣肘。当前,多数高中学校由于基础设施建设不到位、思想政治课教师水平参差不齐等缘故,使得思想政治课陷入了重灌输少互动、重理论轻实践的传统教育模式,从而使思想教育效果大打折扣。在培育和践行社会主义核心价值观方面,思想政治课程过多拘泥于自上而下的灌输性和单向性说教,采用形式化、模式化、单一化的教育模式,使大量的中学生未能将思想政治课程理论知识内化到思想和外化到行为之中,未能结合中学生特点,使中学生自愿参与学习、自行在生活中践行。

3.培养中学生社会主义核心价值观教育的有效形式

党的十八大提出的社会主义核心价值观基本内容进一步明确,为高中思想政治教育提供了科学指导和历久弥新的精神动力。针对当前培育和践行社会主义核心价值观教育的必要性与紧迫性,让社会主义核心价值观教育在高中阶段不断深入、加快内化为学生的行动,是当前高中思想政治教育的重要任务。

(1)找准切入点,发挥课堂教育主阵地作用。高中思想政治课教学是开展社会主义核心价值观教育的主阵地。社会主义核心价值观要在中学生群体中发挥精神引领作用,必须保障其进课堂、进教材、进头脑。我们需要融合思想政治课教师和班主任队伍的力量,在日常教育教学过程中摒弃

---

①　田永静,陈树文.加强大学生社会主义核心价值观教育有效途径探究[J].思想政治研究,2010(5):24-26.

传统"说教"式的教育方式，以学生学习、生活的现实需求和学生对社会主义核心价值观教育的心理接受点为切入点，结合"爱国爱乡、海纳百川、乐善好施、敢拼会赢"的福建精神①，经常性地在"经济生活""政治生活""文化生活""哲学与文化"等模块教学中采用事例分析、课堂讨论、课堂辩论及课堂游戏等学生易于接受且乐于参加的形式，如在"经济生活"第一单元综合探究"正确对待金钱"的课堂中采用分组研究、探讨、辩论的教学方式，使师生在活动中体验感悟金钱应该"取之有道，用之有道"，让渗透社会主义核心价值观的思想政治课贴近生活、贴近社会、贴近学生，让学生学会在生活中运用社会主义核心价值观的内涵解决实际问题。

（2）挖掘兴趣点，发挥新兴媒体的教育功能。近年来，以网络、手机为代表的新兴媒体发展十分迅猛，其舆论引导作用也与日俱增。当代中学生拥有使用新兴媒体的基础配备和基本技能，其是微信、微博、社区论坛等新兴媒体的最大使用群体之一。高中教师尤其是思想政治课教师应充分挖掘学生易于接触网络、乐于接触网络和乐于接触新兴事物的特点，让他们通过网络通信终端、数字广播、手机微信及微博等新兴媒体学习社会主义核心价值观。在新兴媒体上传播社会主义核心价值观需注意以下几个方面：一是要加强中学新兴媒体建设，如建立学校官方微博、学生会微博、党建微博、共青团微博及微信群、QQ群等，并在中学新兴媒体上结合中学生成长成才道路上的各种疑难问题进行解答，如学业生涯发展、高考知识问答等基本需求，适时、适度地渗透社会主义核心价值观教育。二是新兴媒体的传播要集青春化、生活化等当代中学生较为敏感的语言和互动性于一体，可结合"凝聚青春正能量，共筑美丽中国梦"的教育实践活动将社会主义核心价值观的大道理变成中学生喜闻乐见的"青春小道理"，让学生主动参与到主流思想和主流文化的讨论中去，在潜移默化中接受教育。三是尝试在新兴媒体上建立党团组织，并依托新兴媒体开展中学生喜闻乐见的党团活动，组织中学生积极参与。四是要将对新兴媒体的监督与其广泛参与性、互动性相结合，确保社会主义核心价值观在良好的氛围中释放社会生活的正能量。

（3）找准结合点，发挥校园文化的育人功能。习近平总书记在中央政治局第十三次集体学习时强调，把培育和弘扬社会主义核心价值观作为凝

---

① 孙春兰.大力弘扬和践行福建精神加快推进福建科学发展跨越发展[N].福建日报,2012-07-23.

魂聚气、强基固本的基础工程①。继承和弘扬中华优秀传统文化并对其进行创造性转化,推动中华优秀传统文化的创新发展,充分发挥以文化人、以文育人的作用,使中华优秀传统文化代代相传,是我们必须研究的重大课题。在对中学生进行社会主义核心价值观的教育过程中,我们要充分重视校园文化的感召力和吸引力。基于中学生思维活跃、乐于参加校园文化活动和具有较高文化活动创新水平等特点,要找准社会主义核心价值观同校园文化活动的契合点,将社会主义核心价值观融入校园景观、校园精神和校园活动等校园文化活动的建设中。例如在"雷锋月"开展志愿服务活动、在"植树节"开展植树环保活动、在"红五月"开展纪念五四运动系列活动等,重点突出一月一主题,使得社会主义核心价值观形象化、具体化,让学生时时刻刻都能感受来自身边的精神力量。在校园文化创建中,还应分群体、分阶段进行以社会主义核心价值观为主题的教育:针对学生对马克思主义理论和中国特色社会主义理论的理解程度和实际表现,开展侧重点不同的教育,如对入党积极分子和学生干部侧重进行以改革创新为核心的时代精神和艰苦创业精神教育;对广大青年团员侧重进行社会主义荣辱观教育;对一般学生侧重进行爱国主义教育和公民道德教育等。同时,要根据不同年级学生心理成熟度和认知接受度进行区别教育,循序渐进,从而使社会主义核心价值观内化为中学生思想上高度认同的观念和行动上自觉践行的规范。

(4)找准共振点,发挥积极分子的模范作用。中学生入党积极分子是高中校园里的特殊群体,他们具有较高的品德修养和思想觉悟、较高的学习兴趣和学习能力,且在学生群体中能够影响并带动一部分学生。善于发挥中学生入党积极分子的模范激励作用,可以加快社会主义核心价值观在校园内的传播。通过"身边人讲身边事"和"身边事教身边人"的方式,宣传和表彰他们在践行社会主义核心价值观中的先进事迹,推动模范的激励作用,使中学生在践行社会主义核心价值观过程中,学有榜样,赶有目标,从而实现社会主义核心价值观教育的全覆盖。有些中学创设积极分子监督岗,让他们在同学中起引领和示范作用;还有的中学给每一位高中入党积极分子发一张"义工"服务登记卡,采用积分制考察入党积极分子,让入党

---

① 习近平在中共中央政治局第十三次集体学习时强调:把培育和弘扬社会主义核心价值观作为凝魂聚气、强基固本的基础工程[EB/OL].(2014-02-25).http://politics.cntv.cn/leaders/person/xijinping.

积极分子成为中学弘扬社会主义核心价值观的"释放源"。

(5)找准实践点,发挥志愿服务的助推作用。中学生不喜欢拘泥于课堂,乐于参加社会实践活动,在社会主义核心价值观的教育过程中,要善于发挥实践活动尤其是志愿者活动的助推作用。志愿者活动以"奉献、友爱、互助、进步"为主旨,对社会主义核心价值观的内涵做出了很好的诠释,也是弘扬和践行社会主义核心价值观的一种行之有效的实践方式。高中学校要以学生志愿活动为契机,通过校内组建志愿者服务组织,校外与企事业单位共建志愿者服务基地等形式,让学生志愿服务有组织、有场所、有内容、有收获,在实践中感受和学习社会主义核心价值观。在发挥中学生志愿服务的助推作用过程中,学校应注重开展志愿服务的持续性,注重志愿服务活动形式的多样化,注重人力资源的合理开发和充分利用,让志愿者用自己的专长服务社会、弘扬和践行社会主义核心价值观。

(二)在社会主义核心价值观教育中激发中学生的道德情感

2013年12月中共中央印发《关于培育和践行社会主义核心价值观的意见》,明确指出:"把培育和践行社会主义核心价值观融入国民教育全过程","要从小抓起,从学校抓起"。培育和践行社会主义核心价值观有赖于家庭教育、学校教育、社会教育的综合教育体系,很显然,学校教育作为社会主义核心价值观教育的主渠道毋庸置疑。但就目前而言,学校在社会主义核心价值观的培育方面仍有一些不足之处,本书试从情感激发的角度来探讨学校培育核心价值观的问题,以提升学校教育的实效。

1.道德情感与社会主义核心价值观的关联性

社会主义核心价值观是时代对当代中国公民道德心理重建的引擎,它应属于个体道德品质的核心内容。价值观也属于主体个性心理中的动力特征之一,相比人的需求、兴趣、信念而言又具有统领性和覆盖性,对人的言行具有重要的导向作用。品德的心理结构包括知、情、意、行四个部分。其中道德情感是人在心理上所产生的对某种道德义务的爱憎的情感体验。道德情感是个体道德行为的内部动力之一,是激发道德动机和进行自我监督的内心力量,是从道德认知到道德行为的中间环节。它左右着行为的决策与发动。缺乏美好的道德情感,道德认知失去了意义,道德行为必然会沦为空谈。这也是核心价值观知易行难的重要原因。

由此看来,社会主义核心价值观的教育应该包括知识目标、情感态度、行为目标。这三个维度的目标是有机统一,缺一不可的。知识目标层面即要求学生能够了解、理解核心价值观的要求与内涵。情感态度层面要求学生对三个层面(国家层面、社会层面、公民层面)的价值标准具有正向的道德情感,例如,热爱祖国、崇尚自由公正、坚信法治、以诚信为荣等。行为目标是学生能够自觉地以社会主义核心价值观作为道德判断和道德选择的价值标准,进行正确的行为选择。其中,知识目标是基础和开端,情感态度是关键和桥梁,行为目标是最终的落脚点。

2.道德情感在社会主义核心价值观教育中的激发

在美国情商研究学者丹尼尔·戈尔曼看来,人有两种心理行为:一种是情绪心理行为,另一种是理性心理行为。一种用来思考,另一种用来感觉。现代脑神经科学研究证实,在人脑脑干顶部,环状边缘系统底部的附近呈杏仁核形状的部分就是人的"情感中枢"。杏仁核拥有神经联结的延伸网络,这使它在发生情绪危机时能够指挥和驱使大脑其他的很多区域——包括理性脑。感觉越强烈,情绪对心理的控制力就越强,理性的作用就越弱。有人在深夜不明就里的情况下跳入河中救人往往不是经过理性思考,而是情绪脑在起作用。情绪脑发挥作用的关键与情绪记忆有关,人们在过去体验过的鲜明的情绪反应模式往往存储在情绪记忆库中,当现实中遇到相同或类似的情境时,杏仁核就能在皮层中枢(负责理性思考)对情况进行全面理解之前引发情绪反应,直接做出行为选择。青少年在所见、所闻、所感受到的美好情感及积极的反应模式如果能鲜明而深刻地储存在"杏仁核"中,在遇到类似情境时,就能立即做出正确的道德选择。所谓羞耻之心、怜悯之情都属于人类美好的道德情感,它如果被鲜明而深刻地储存在情绪脑中,往往就会直接驱动着我们的道德行为选择。所以,社会主义核心价值观培育中的情感激发具有重要心理学意义。

那么,在社会主义核心价值观的学校教育中该如何有效激发美好的道德情感呢?

(1)讲好文本激发道德情感。道德认知是道德情感激发的前提。"24个字"所倡导的社会主义核心价值观是社会主义核心价值体系的高度凝练和集中表达,反映了社会主义核心价值体系的丰富内涵和实践要求。仅仅停留在字面上的了解是难以触动心灵的。其中,一些概念是易懂的,比如"敬业""诚信""友善",但有的概念外延较为广泛,不讲清楚,学生可能无法全面理解,比如"爱国""文明""和谐"等。以"爱国"为例,就理应包括担当社会责任,遵守法律秩序,遵守社会公德、爱护环境等,它与我们的日常言行息息相关。还有一些是理解起来容易产生歧义的,比如"自由""平等"

"公正"等。以"自由"为例，一般意义上是指宪法或根本法赋予并保障公民的一种权利或自由权，确保公民人身和心灵免受奴役、控制、践踏。同时"自由"也是有条件的、相对的，不存在无条件的自由。社会主义核心价值观不仅与中华优秀文化和人类文明优秀文化成果相衔接，而且与人类文明发展的美好愿望相一致。讲好文本不仅仅局限于"24 个字"的核心价值观内涵与要求，还要充分调动学生感觉、知觉、注意、记忆、想象与思维的各种认知要素，形成形象鲜明、影响深刻的认知图式；讲好社会主义核心价值观是什么、为什么、怎么做。晓之以理，便能动之以情。通俗易懂、深入浅出、生动形象地讲好文本便能激发学生美好的道德情感。

(2)基于生活激发道德情感。吴向东教授认为"物质生活和传统文化是价值观形成的社会条件"，而"主体的实践活动是价值观形成的现实根据"。社会主义核心价值观不是高高在上的一个摆设，而是时时处处存在于我们的现实生活中。学校教育应该依据丰富的校园生活、课外活动，结合学生实际创设核心价值观体验、感悟的各种情境，以激发学生的道德情感。比如，组织观看"感动中国人物颁奖晚会"、主题讲座、辩论演讲活动、读书活动、社会调查、志愿者服务等形式多样的体验活动；各个学科教师均可以充分利用学科素材激发学生对核心价值观的美好情感，如，历史学科老师就可以充分利用历史故事，政治老师可以利用热点时事，语文老师可以利用相关的诗词文章等。校园生活、家庭生活、社会生活中各种鲜活的素材均可以作为激发学生道德情感的媒介；基于生活的情感激发要充分尊重学生主体，充分发掘学生自我完善、自我实现的内驱力，有效引导，积极促进。另外，学校教育要引导学生把核心价值观运用于自己的生活中，在实践中激发情感，在实践中感悟核心价值的原则。

(3)做好评价激发道德情感。评价作为核心价值观教育的重要环节不可忽视。正面的评价给人积极的情绪体验，负面的评价给人消极的情绪体验。更多鼓励性、引导性的评价有利于激发学生的道德情感。学校教育在全社会倡导核心价值观的视域下应根据实际建立和完善学生相关的核心价值评价体系，把核心价值观渗入学生的综合素质评价中，注重学生核心价值观的养成过程和品德的形成过程。当前一些校规班规中把核心价值观细化为可操作、便于观察的规条就是一种有益的尝试。例如，"考试诚信，不作弊""处事公正，遵纪守法""待人友善、与人和谐相处""能服务于他人，积极参加志愿者活动"等。这些规定不仅使社会主义核心价值观更能联系学生生活，反映学生实际，也有利于学校、教师对学生进行评价。同时,要把终结性评价和适时评价结合起来,更多地及时评价,既有利于及时反馈和矫正不良行为,也能给学生更多强化道德情感的机会,形成牢固的情绪记忆。

(4)营造环境激发道德情感。近朱者赤,近墨者黑,良好的育人环境有利于激发正向的道德情感。在校园文化环境的创设中要以培育社会主义核心价值观为引领。校园景致的布置、校园社团活动的开展,科艺节、成人礼、各种比赛竞赛等均渗透核心价值观的教育和熏陶。此外,要注重家校联系,提升家长的价值观素养,共同培育良好的家庭环境。

人之所以为灵,情也。学校教育中学生核心价值观的培育是一项系统工程。教育者要注重激发学生美好的道德情感,并统合自我道德认知、道德意志和道德行为,促进健康人格和高尚品德的形成。

(三)在"哲学与文化"模块教学中培育社会主义核心价值观

为进一步培育社会主义核心价值观,我们前面已经论述了"培养中学生社会主义核心价值观的有效途径研究"的问题。现在,从高中必修课程4"哲学与文化"的课堂教学角度,谈培养社会主义核心价值观的探索和实践。

1.哲学教学与社会主义核心价值观融合的可能性和必要性

高中思想政治必修课程4"哲学与文化"是学习有关马克思主义哲学基本原理和方法论的一门课程。马克思主义哲学是科学的世界观和方法论,有利于我们正确看待自然、社会和人生,正确认识社会实践的巨大作用,进行正确的价值判断和价值选择,形成正确的世界观、人生观和价值观。社会主义核心价值观中也涉及哲学中有关价值观问题的探讨,蕴含了丰富的哲学道理。把社会主义核心价值观与"哲学与文化"教学相结合,可以更好地发挥二者的功能与作用。

哲学教学可以帮助中学生树立正确的世界观、人生观、价值观,引导学生规范行为,把核心价值观的要求变成日常的行为准则,形成自觉奉行的信念理念。在哲学教学中,让学生在学习哲学世界观与方法论中感知和了解社会主义核心价值观,用具体的哲学知识去分析与解读社会主义核心价值观,在价值选择中内化,在行动亲历中践行,不仅能提高哲学教学的实效性,也能让社会主义核心价值观真正走进课堂,走进学生的心里。哲学教学能帮助中学生在思想上加深对社会主义核心价值观的理解,增强中学生对社会主义核心价值观的认同,了解国情,增强社会责任意识,并最终落实于行动。

2.在"哲学与文化"教学中培育社会主义核心价值观的具体实践

(1)国家层面"富强、民主、文明、和谐"与哲学教学融合

第一，富强。富强是社会主义建设的首要目标，即要实现国家富强、人民富裕。在"哲学与文化"的教学设计中，可以结合当前的时政热点和国家的具体国情，理论与现实结合才能理解得更加深刻。在教学中可以用"用发展的观点看问题"了解中国走向富强的历程，了解中华人民共和国成立以来我国取得的成就；可以运用"事物的发展是前进性与曲折性相统一原理"来分析，我们要看到我国在经济、政治、文化、社会等方面取得辉煌的成就，前景是美好的，道路却是坎坷的，我们要充满信心，要不忘初心、继续前进；用"一切从实际出发"的方法论分析我国现阶段的国情，我国还处在社会主义初级阶段，根据这一最大的实际，我国为全面建设社会主义现代化强国，提出了"两个一百年"奋斗目标；用"抓重点，集中力量解决主要矛盾"的方法论来分析我党把发展作为执政兴国的第一要务，努力推进现代化建设进程，来实现人民富裕、国家强盛、中国美丽。

第二，民主。民主在中国文化中，首先有"以民为主"的含义，人民才是邦国的根本，是国家的首要。社会主义民主的本质就是人民当家作主，一切权力属于人民。民主是社会主义的生命，也是创造人民美好幸福生活的政治保障。在"哲学与文化"的教学中，利用"人民群众是历史的创造者，是实践的主体"，说明要更好地发挥人民群众的首创精神，发展好和维护好人民的根本利益。让学生养成民主素养、民主习惯，了解党坚持不忘初心、继续前进，坚信党的根基在人民、党的力量在人民，坚持一切为了人民、一切依靠人民，充分发挥广大人民群众的积极性、主动性、创造性，不断把为人民造福事业推向前进。

第三，文明。文明包括国家创造的物质财富和精神财富，这也是唯物史观对文明的根本定义。中国文明建设进程从"两手抓"到"五位一体"，文明不断推动国家和社会的发展。在"哲学与文化"的教学中可以运用发展的观点和联系的观点来分析"五位一体"之间相互协调、相互制约的关系。只有统筹推进"五位一体"总体布局，协调推进"四个全面"战略布局，才能形成物质文明、精神文明、政治文明、生态文明和社会文明的发展格局[①]。

第四，和谐。和谐体现在国家、社会、生活的方方面面。追求和谐是中

---

① 刘绍卫,姬延钊."四个全面":中国特色社会主义的新境界[J].传承,2015(4):4-7.

华民族的优良传统,是党执政兴国的重要目标。在"哲学与文化"的教学中,可以运用"矛盾对立统一"的原理分析"和谐"的内涵,和谐也是矛盾的一种表现形式,在对立统一中才能达到统一性;但和谐社会并不是完美的,可以运用"矛盾普遍性原理"分析当前存在的不和谐现象,分析矛盾,解决矛盾,构建和谐社会。对学生加强和谐价值观的教育是很必要的,将和谐观融入他们的日常生活,以实现中学生的人际关系和谐、身心和谐、人与自然和谐。

(2)社会层面"自由、平等、公正、法治"与哲学教学融合

第一,自由。自由是人们在经济、政治、文化和思想等各个方面的自由、平等,让最广大的人民群众享有最广泛的自由权利,充分尊重人民群众的首创精神,保障人民群众的各项合法权益。对学生进行自由意识的教育是必要的。在"哲学与文化"的教学中,可以结合"用对立统一的观点看问题"分析自由不是绝对的,自由与规则相辅相成,自由是有序的,而不是无序的;用"追求真理是一个过程"分析实现人民自由的伟大事业是一个永无止境的历史过程,必须以更加自觉的态度,更加清醒的认识,更加坚定的意志,进一步做好实现人民自由的各项工作,人们的自由权利才会得到进一步的保障和实现。

第二,平等。平等是指人们在经济、政治、文化等方面享有同等的权利,既保障公民个人享有平等的权利,也保障公民得到的权利、利益和尊重。在"哲学与文化"的教学中,对学生进行平等教育可从以下几个角度进行:可以结合"真理是客观的",真理只有一个,真理面前人人平等;运用"人民群众是历史的创造者"原理,说明人民群众都是实践的主体,都对社会发展有促进作用,要尊重人民群众的主体地位和首创精神。

第三,公正。公正即公平、正义,是一种价值取向和价值判断。作为中学生要维护正义,做一个有正义感的人。在"哲学与文化"的教学中,可以结合"价值判断与价值选择"的教学,要作出正确的价值判断与价值选择,就必须坚持真理,遵循社会发展的客观规律,走历史的必由之路。自觉站在最广大人民的立场上,把人民群众的利益作为最高的价值标准,我们才能作出公正的判断与选择。

第四,法治。法治就是强调依法治国,维护宪法法律权威,法律面前人人平等。在"哲学与文化"的教学中可以运用联系观来分析,必须把依法治国与以德治国结合起来;可以运用矛盾观分析法治与人治、法治与德治的对立统一关系;可以运用主要矛盾与次要矛盾的辩证关系分析对当前党内

存在的严重的贪污腐败现象,习近平总书记提出"坚持'老虎''苍蝇'一起打",来说明对依法治国和平等理念的深刻践行。对学生进行社会主义法治观念的教育,同时要求学生按照法律要求,在生活、学习中规范自己的言行。

(3)个人层面"爱国、敬业、诚信、友善"与哲学教学进行融合

第一,爱国。爱国就是对祖国的忠诚和热爱,是每个公民最基本的道德情怀。爱国是中华民族精神的核心,是中华民族的美德,也是各族人民的精神支柱。在"哲学与文化"的教学中,可以用"矛盾问题的精髓"来分析在不同的历史时期,爱国主义有共同的要求,也有不同的具体内涵,爱国不是抽象的,而是具体的,爱国就是爱社会主义;可以用"实践"的观点来分析爱国不是一句空洞的口号,而是要求每一个社会成员将爱国主义转化成实际行动,在实践中坚守,在实践中弘扬爱国主义情感;用"用发展的观点看问题"分析爱国要从一点一滴做起,去诠释爱国主义的内涵,把个人的梦想与中国梦紧密结合,增强爱国情怀,自觉履行爱国责任,自觉实践爱国行动。

第二,敬业。敬业是人们在实践中所持有的一种态度,是对自身所从事工作的热爱、敬重和责任。敬业从哲学角度来看,是人类存在与发展的本质[1]。在"哲学与文化"的教学中用"弘扬劳动精神,实现人生价值"来说明只有在劳动中,才能找到自己生存发展的意义,来创造和实现自己的人生价值;用"矛盾双方在一定条件下可以相互转化"来分析在平凡中也能铸就非凡,平凡的事情做好了就不平凡,简单的事情做好了就不简单,从中发现自我价值、实现自我价值;从"价值观导向作用"来分析"工匠精神"这个当下全社会的价值追求,教育和培养学生对职业的敬畏,对学习工作的执着;用"意识能动作用"原理来分析敬业精神是一种积极的高昂的精神状态,端正自己的学习态度,激发自己的开拓创新精神和顽强的拼搏精神。

第三,诚信。诚信就是恪守信用、待人诚恳。诚信就是真实无欺不作假、真诚待人不说谎、践行约定不食言[2]。诚信是一种传统道德观念,是我国当代根本的价值取向。诚信已经成为一种哲学的世界观和方法论,是一

---

[1] 张丰清.以"爱国敬业诚信友善"为基础构建核心价值观[N].南方日报,2013-01-14(F02).

[2] 张丰清.以"爱国敬业诚信友善"为基础构建核心价值观[N].南方日报,2013-01-14(F02).

种最为基本的价值判断与价值选择。面对高中生考试作弊、欺骗、说谎、抄袭等诚信缺失问题逐渐严重的现象,在"哲学与文化"的教学中用辩证法的思想对学生进行诚信教育,让学生学会用辩证的眼光看待现实生活中时常面对的失信问题。养成诚信学习、诚信待人、诚信处事的优良品德,为自己的人生发展奠定良好的基础。

(4)友善。友善即与人为善,要求人们善待亲友、他人、社会、自然。友善是公民的优秀品质,是构建和谐人际关系的道德纽带,维护良好社会秩序的基础。友善可以发挥无限的能量,焕发巨大的热情,对人们正确认识世界和改造世界起到积极的推动作用,充分体现了意识活动的巨大能动作用。友善的价值还能化解人们之间的矛盾及社会矛盾,从而解决问题,促进事物的正确发展。在"哲学与文化"的教学中教育高中生要心存善念,善待亲人以和谐家庭,善待朋友以凝结友谊,善待社会以促进发展,善待自然以维护生态。

把社会主义核心价值观与哲学教学融合这一有效途径进行的探究和实践,是切实可行的,取得了一定的成效。对教学而言,能更好地达到教学目标。对学生而言,在潜移默化中形成正确的世界观、人生观、价值观,不断追求真善美的课堂,使社会主义核心价值观内化于心,外化于行。在"哲学与文化"的教学中一定要自觉地把社会主义核心价值观切实有效地贯彻到教学中去,从而提高教学的实效性,让情感态度价值观得到进一步升华。

二、规定马克思主义基本观点为内容

思想政治课不管开展什么主题教学活动、上什么模块的课都离不开以马克思主义基本观点为内容,下面就从开展思想政治课堂观察活动为例,尝试构建思想政治课具有正能教育性质的幸福课堂。

思想政治课呼唤以马克思主义基本观点为内容的幸福课堂,重新审视思想政治"有效教学",研究剖析课堂观察的实践架构和价值意义,提出思想政治幸福课堂评价的改进建议,尝试用课堂观察的方法助力重构思想政治幸福课堂,以期思想政治课教学能够更好地育人。

高中课程改革实施以来,"有效教学"成为高中思想政治课教学研究的主题之一,高效课堂、高效教学成为思想政治课堂的一面旗帜。但是,少数教师对"有效"的理解却存在偏差,过分追求学生在课堂上对知识的掌握运用和应试能力的提高,带来的后果是教学的模式化、技术化、工具化,抹杀了政治教师的教学风格和学生的学习个性，学生收获了知识、技能和分数，但失去的是兴趣、激情和创造力。"有用""有效"的思想政治课不一定就有幸福感，它可能是机械的、题海式的。同样，有幸福感的教学行为不一定都是所谓"有效"的，而有些看起来是"低效"的行为，却是幸福的。思想政治课追求的是能够全面体现"三维目标"的"课堂幸福"，期待着人的本性、人的尊严、人的潜能在教育过程中得到最大的实现与发展，让师生共享教育幸福。

那么，思想政治课教什么、为什么教、如何教才能实现课堂幸福呢？我们借助课堂观察的质性评价和量性评价相结合，探析思想政治课应该怎么样、学生怎么学、教师怎么教，使高中思想政治课成为对话的课堂、探究的课堂和幸福的课堂，最终也就构建了正能教育的思政课堂。

（一）走进课堂观察，追求幸福课堂

追求幸福课堂本身就有浓厚的马克思主义色彩，开展教学教研（课堂观察活动）对创设幸福课堂、改善学生课堂学习和促进教师专业发展都有着极其重要的意义。课堂观察的起点和归宿的指向是创设幸福的课堂，不仅关注教师的行为，而且关注学生在课堂上如何学习、会不会学习，以及学得怎么样。为何课堂观察能够有效地促进建构思想政治的幸福课堂？因为思想政治作为学科课程，其课堂是可以解构的，课堂观察作为一种课堂教学研究方法，它将研究问题具体化为观测点，将完整的教学过程拆分为若干个小单元进行定格、扫描与记录，再对结果进行反思、分析、推论，以此改善教师的教学，促进学生的学习，实现幸福课堂。表 3-1 是一位思想政治教师的课堂观察记录表。

表 3-1　师生对话的课堂观察量表（思想政治必修 1"经济与社会"的"完善个人收入分配"）

观察点（师生对话）收入分配与社会公平	观察记录			
	课堂提问 1	课堂提问 2	课堂提问 3	课堂提问 4
"师生对话"问题是如何表达的？	视频反映收入分配存在什么问题？	我国有哪些垄断行业？国有企业是如何分配的？	收入差距状况，你看出了什么问题实质？	针对初次分配中的不公问题，政府该如何做？

续表

观察点(师生对话)	观察记录			
收入分配与社会公平	课堂提问 1	课堂提问 2	课堂提问 3	课堂提问 4
教师如何点评学生的回答?教师的解答是澄清/追问/转问?	定性评价,并追问:差距多少倍?	转问:有些人为何反对垄断行业改革。追问:请你结合视频内容给国家发改委提意见,还应如何改?	追问:你认为该如何转变三者的关系?	澄清并转问:如何对政府的权力进行制约和监督?
"师生对话"的状况	ACD	ABCDE	ABD	ABCD
	注:A 能否用心倾听,搁置争议;B 识别假定,质询反思;C 培育关系,增进理解;D 以分析为主,用事实数据为问题找答案;E 固执己见,竭力辩护。			
"师生对话"的效果	B	AB	AB	AB
	注:A 萌生新见识,创造新的可能性;B 表达预设的观点并说服对方;C 双方观点紧张,无法统一;D 最终靠打倒对方来解决问题。			

表 3-1 课堂观察记录表明:课堂活动中"师生对话"有助于课堂的改善,有助于为学生提供更好的学习指导、更高质量的知识建构、更独特的额外帮助、更清晰流畅的师生沟通,有助于打造最适合学生发展的幸福课堂。透过观察点,对这些小单元进行质性和量性相结合的诊断与分析,能将平时常规听课中易忽视的细节突显出来,既可以让观察者有的放矢地观课、看课,也能让被观察者进行自我反思,通过同伴互助促进教师专业成长,寻找幸福课堂的着力点。

(二)借助课堂观察,探究幸福课堂

课堂观察的研究行为不仅有助于被观察者教学的改进,而且有助于创造性地利用课堂观察所采集的数据,让观察者构建自己心目中的幸福课堂,借助课堂观察的研究方法探究思想政治课堂幸福的途径。

1.借助课堂观察,让学生在探究创新中享受课堂幸福

课堂创新重在鼓励学生有自己精彩的观念,在思想政治教学中培养学生的精彩观念和创新精神,可以很实在很具体,比如保护、引导学生的一个奇怪的念头、一次异常的想象、一种不合常理的解决问题的方法……都可以促使学生新观念的诞生。

2.借助课堂观察,让教师在课堂创新中追寻课堂幸福

在课堂观察活动的推动下,思想政治教师会主动引导学生行动起来,探索起来,尝试起来,这样的实践过程,将会培养学生充满思维"正能量"的实践能力。教师也可在追问中、怀疑中、批判中追寻新的理念,产生独到的见解。表3-2是以高三试卷讲评的课堂观察为例的记录:

"2013年福建省文综质检政治试卷讲评"中的第34题:同学们对这首诗耳熟能详,但在学校食堂有些同学却把一个个白白的馒头、一盘盘剩余的粮食倒入垃圾桶。对此,同学们应该:①树立社会主义荣辱观,培育良好的道德品质;②培养正确的消费观念,纠正自己的过度消费;③发挥价值观的导向作用,改变自己的生活习惯;④发挥意识的自觉选择性,继承艰苦奋斗的优良传统。

A.①②   B.③④   C.②③   D.①④

表 3-2   课堂观察量表——"课程资源的利用"记录情况(1)

观察点	观察情况记录	评价反思
观察教师能否充分使用课程资源(教材、社会、教师、同伴、自身等),能否强化拓展变式环节,进行拓展针对性训练	学生面对颇有争议的问题时反应热烈,教师在讲评时常常使用来自学生的资源,如学生的答题情况等。教师讲评时能够调动和运用不同模块的知识,对学校食堂中出现的浪费现象进行综合分析,对自我不良行为加以评价。在进行变式思考和练习时多数同学能齐答或知识迁移,使知识得到巩固强化	从学生回答的情况来看学生的课程资源利用是很有效的,教师通过试卷展现的浪费现象分析"树立社会主义荣辱观""正确的消费原则""价值观及其导向作用"等问题,要求中学生明确应树立的正确观念和采取的正确行为,营造和谐幸福的环境

表3-2课堂观察数据表明:课程资源的高效利用不等于思想政治课堂就达到最优效果,要尽可能培养学生多角度思考问题的习惯。对于"浪费"的热点问题,老师在引导过程中应讲深讲透。比如:老师在"变式"环节中能引导学生多角度思考,这种方式促使学生知识迁移,有利于培养学生发散性思维,教师采用发散思维法分析浪费问题,从具体材料出发,用"一事多角"的方式去搜集相关知识,调动不同模块知识来正确看待这一现象,没有错过身边的优秀资源。

3.借助课堂观察,让教研组在激发智慧中联结幸福

课堂观察的"课前讨论""课中观察""课后讨论"是借助政治组的集体智慧改善个体教学状态,从而使思想政治教师原有的知识和技能转化为集体智慧,教师将彼此的观点、思想、资源、技术以及教学经验通过对话和探究方式不断整合和生成新观点,激发教师的整体潜能,从而促进教师知识建构和集体智慧的形成。例如,在课后会议的专业研究活动阶段,观察者对课中采集到的信息资料的再现、分析、对比、论证、提炼和总结,被观察者进行自我反思,观察者和被观察者进行专业探讨,为提升教育教学能力提供了很好的平台。下面再引用"2013 年福建省文综质检政治试卷 39 题讲评"的"课程资源的利用"为观察点的课堂观察部分记录(表 3-3)。

表3-3　课堂观察量表——"课程资源的利用"记录情况(2)

观察点	观察情况记录	评价反思
能否利用学生学习过程中形成的资源(如学生发言或质疑的内容、学生作业或试题答案、学生暴露出的问题或错误等)。	①大量使用学生答题情况、试卷资源有针对性地讲评; ②利用课堂生成的资源,例如,学生回答问题时审题不清、表述不完整等资源一一进行引导; ③试题本身的资源挖掘不够,分析不够,更注重错误答案的分析,而不关注正确答案应该怎么得出	从这个观点看,教师较关注学生资源,而忽视了课程(试卷)本身资源。

观察者课后研讨建议:
①对学生不完整和不准确试卷的资源用得偏多,而从正面挖掘试题本身资源、信息用得不够。从总体上看,会造成宏观解题指导的削弱,这方面要反思。
②对于试题答案的讲评,可以再拓展一些,要引导学生质疑,对于一些比较牵强的答案可以有自己个性化的看法,不受答案制约。
③变式演练针对性不够。例如:第 39 题(4)属于"一题多解"的试题,探求新的方法和路径。要求学生根据唯物辩证法的"矛盾分析法"相关原理知识,从具有普遍指导意义的世界观和方法论进行推导,提出解决城镇化进程中农民的市民化问题的合理建议。教师最后归纳这类题目怎么做,这很好,但在总结后,还需相关的变式训练也设计成这类型的,强化训练可能更有效。

表 3-3 课堂观察案例表明:课堂观察中教师个人智慧之间的联结、碰撞、交织、互补和集体智慧的凝聚、发展,使教师能动地产出更深刻的教学见解,提高教师各自的教学能力和教学水平,从而加强教师的课堂幸福感。

(三)践行课堂观察,感悟幸福课堂

课堂观察是一种课堂教学的研究活动,它在教学实践和教学理论之间架起一座桥梁,中学思想政治教师也希望通过这样的活动为专业发展提供一个平台。无论是观察者还是被观察者,都可以借助合作的力量在实践性知识、反省能力等方面获得新的发展,充分利用这一教师实践的宝贵资源,根据自己的实际需求,比照和反思自己,互通有无、互相借鉴,从而提高自己,感悟课堂幸福。并在此基础上谋求学生课堂学习效果的改善、促进教师发展的专业活动,通过激发学生各种学习策略去主动建构知识的意义,引导学生自主探索和合作交流,以已有的经验、心理结构和信念为基础来建构知识、主动探究问题。

课堂观察作为听评课的一种范式,虽然不是包治百病的灵丹妙药,但它能解决思想政治课堂的评价问题。有的思想政治教学行为(如一些时政背景的导入)从其本身看是低效甚至是"无效"的,但对高中思想政治整个模块综合的、宏观的把握又是符合规律的,让人有幸福感。我们认为思想政治课价值判断的最高标准是立德树人,如果说思想政治教学是一门艺术的话,课堂观察则是运用科学的方法解决教学艺术中课堂行为的分析与诊断,它主要完成三项任务:一是描述德育课程教与学的行为,对思想政治课进行"体检";二是协助思想政治教师改进课堂教学问题,改善教与学的环境;三是促使思想政治教师走向专业的听评课,改变日常研究状态。

总而言之,思想政治课堂幸福的标准不是单纯以"有效"为标杆,思想政治课的课堂幸福必须始终不偏不离马克思主义相关内容,课堂观察数据在这合作的专业教研活动中成为研究课堂教学教研的宝贵资源,相比以前没有根据课堂观察量表进行的课堂评价研究,课堂观察更能根据思想政治学科特点创设幸福课堂,也使思想政治教师完善自我的方向更为明确,促使被观察者在合作教研中反观自己、反思教学,有利于教师的专业成长和创设课堂的幸福,真正实现正能教育,让思政课成为正能量的释放源。

第二节 从课程目标看,突出知行合一,激发正能量

思政课要以立德树人为根本任务,以培养社会主义核心价值观为根本目的,凸显知行合一、社会实践、意识形态、寓乐寓美于教。实施正能教育的目的是使所有受教育者在自身原有的基础上潜能得到最大限度的发掘,个性得到最大限度的张扬,品德得到最大限度的培养,即培养学生政治认同、理性精神、法治意识和公共参与的核心素养。

在整个教学过程中,教学目标的制定是非常关键的一环。现代教学论认为,教学目标是教学设计、实施和评价的核心,它决定着教学行为,是课堂教学活动的出发点和归宿。制定恰当的教学目标,是保证高效课堂教学的前提。倘若教学目标环节出了毛病,必将导致整个教学活动出现偏差或失误,尤其是具有很强时代性和实践性特征的中学思想政治课,教学目标的确定不能凭空想象,必须有科学依据。然而,当前的中学思想政治课在教学目标的确定上仍存在着诸多误区,教师只重视教学方法的选择,而忽视教学目标的设计,以至于常常出现教学目标偏离、缺失甚至空置等现象,这严重地影响了中学思想政治课教学的有效性。

一、凸显立德树人目标

五育并举,德育为首。学校应当确立以德为首的育人理念,思想政治课应成为德育正能量的"释放源"。教学课程、实践课程、活动课程是思想政治课程的"三部曲",只有奏出和谐的交响乐章,思想政治课才能真正落地落实。我们应把思想政治课的实践活动作为课程实施关键,并获得良好教学效益。

有这样一个典型案例:美国《时代周刊》调查过两组人,一组有犯罪记录,另一组事业有成。面对同样的问题:"在小时候,母亲做的哪件事情对你一生影响最大?"有两人讲到同一件事。有犯罪记录的人说:"母亲端来一盘苹果,其中苹果有大有小,有青有红。弟弟抢着说要大的,遭到母亲批评。其实我也想要大的,但这样说会挨批评,就反着说。结果母亲很高兴,

把大苹果奖励给我。那件事给我启发：要想得到最多，就得说假话。"另外一组有人却说："母亲端来苹果，我想要大的，可母亲说，你们都去除草，谁除得多就可以得到大苹果。最后，我除草最多得到大的。那件事给我启发：要想得到最多，就得付出最多的劳动。"

这是个价值观的问题。我们不能说讲假话的孩子智商低，但他的确没树立正确的价值观。让学生树立正确的价值观是教育价值的最重要体现，教育应当坚持"育人为本，德育为先"。

过去，我们重视对知识点的把握，而对于加强德育体系中的德育点和德育场的研究不够，对于学生价值观的培育引导不够。有一些孩子学会了看教师脸色行事，回答问题时看教师，教师微笑就是答对了，瞪眼睛就是答错了。当学生的回答接近教师所期待的教学目标时，教师就表现得特别高兴。这其实都在潜移默化地影响着学生的价值观。实际上，价值观是我们的一个教育目标，不是一个教育工作。一提到德育就会想到班主任、德育干部，这种想法还是把德育看成工作，没有看成正确目标。看成正确目标，就要增强进行价值观教育的自觉性，让全体教师成为德育的骨干力量。

习近平总书记于 2019 年 3 月 18 日主持召开学校思想政治理论课教师座谈会并发表重要讲话，从党和国家事业长远发展的战略高度出发，深刻阐明学校思政课的重要意义，就如何办好新时代思政课作出部署，提出要求，为做好新时代学校政治工作、培养担当民族复兴大任的时代新人提供了重要遵循。高中思政课的最终教学目标，就是其育人目标，即为青年学子的自由全面发展和未来美好人生夯实思想、理论和知识基础，将青年大学生培养成为德智体美劳全面发展的、身心健康的、富有朝气活力的"大写"的人。习近平总书记在会上强调，思想政治理论课是落实立德树人根本任务的关键课程，青少年阶段是人生的"拔节孕穗期"，最需要精心引导和栽培。办好思想政治理论课关键在教师，关键在发挥教师的积极性、主动性、创造性。思政课教师，要给学生心灵埋下真善美的种子，引导学生扣好人生第一粒扣子。

（一）提升自尊，塑造积极人格

自尊，简言之就是对自己的一种自我认可程度。它是每个个体在对自身进行评价之后，希望能够长久保持的自我赞赏的态度与看法，它是每个人对自己的价值能力和重要性的认同。良好的自尊是积极人格的一个重要特点，也是当前部分中学生所欠缺的。积极人格始终是中学思政教育关注的核心和重点,但积极人格并不是天生具有的,它是通过不断强化和激发人的各种潜能,最终使之成为习惯性的良好的生活方式、学习方式和工作方式之后才形成的。

中学思政教师要运用科学合理的方案,多方面、多角度地实施积极德育,强化学生的自我心理暗示,增强他们的勇气与自信。一方面,可以通过成长手册的方式,让学生获得更多积极的情感体验。教师可以每个月设定一个活动主题,提出相应的活动要求,鼓励学生积极参与,并将相关情况记录在成长手册中,让学生看到成长的足迹,获得向上的动力。例如,可以利用多种形式组织"最美中学生"评选活动,寻找身边让他们感动的人与事,让他们获得丰富的情感经历和心理体验,从而激发正能量。另一方面,可以通过赏识教育提高中学生的自我效能感。要多从赏识的角度帮助学生建立良好的自尊,让他们对自己是否能够完成某项工作有一个积极肯定的判断。提高自我效能感,学生就会具有较高的期望值,遇到困难与问题时就会冷静分析,以乐观的态度面对挑战,注重发挥自己的优势,提高克服困难、解决问题的信心与毅力,从而使道德修养和自我能力得到强化,最终形成积极人格。

(二)激发积极情绪,增强德育实效

积极情绪可以让个体呈现出最佳状态,对高效地进行学习和工作、促进个体的完善和发展具有重大意义。中学思政教育的参与者是教师与学生,在传统的中学思政教育过程中,学生的主体地位常常被忽略,这导致学生产生消极情绪。

中学思政工作要充分尊重学生的主体地位,激发学生的积极情绪,增强德育工作的亲和力和实效性,这样才能促进学生健康成长。一方面,要不断丰富德育活动形式和内容,为学生搭建多种平台,帮助学生实现自我欣赏、自我展示、自我发展的目标。要把握好活动的参与范围和时间,通过专题培训、参观学习、技能展示、文体活动等,让学生获得良好的情感体验,从而激发积极情绪。另一方面,要着力打造特色班级。班级可以说是学校的"细胞",班级是否具有特色和生命力,取决于班级内的每一个个体。缺少集体观和团队意识,是部分中学生难以融入社会的一个重要原因。因此,中学思政教师要注重打造特色班级,通过有效的方式帮助和引导学生学会与人和谐相处,学会了解他人,热爱集体,认识到团队的力量,让他们在具有特色的班级中全面发展。

二、强化意识形态目标

作为坚持社会主义办学方向的重要阵地、主干渠道、核心课程,高中思政课的首要教学目标,也是最根本教学目标,就是其意识形态目标,即为党和国家培养担当民族复兴大任的时代新人、培养德智体美劳全面发展的社会主义建设者和接班人。具体而言,习近平总书记在学校思想政治理论课教师座谈会上强调:"办好思想政治理论课,最根本的是要全面贯彻党的教育方针,解决好培养什么人、怎样培养人、为谁培养人这个根本问题。"那么,怎样才能真正落实好这一根本问题呢? 习近平总书记在学校思想政治理论课教师座谈会上明确提出,我们党立志于中华民族千秋伟业,必须培养一代又一代拥护中国共产党领导和我国社会主义制度、立志为中国特色社会主义事业奋斗终身的有用人才。在这个根本问题上,必须旗帜鲜明、毫不含糊。2018年5月,习近平总书记走访北大期间,专门视察马克思主义学院并特别提出"马院姓马,在马言马"。毋庸置疑,在意识形态这个大目标上,高中思政课必须旗帜鲜明、态度明确、立场坚定。

高中思政课的意识形态目标和育人目标有机统一、内在融合,二者相互联系、互为促进。

(1)只有将意识形态教育贯穿于教书育人的全过程和每一环节,才能真正培养起中学生在日常学习中积极主动地学习思政课知识、掌握思政课理论和方法并自觉运用于其社会实践中的习惯和素养,高中思政课的意识形态目标才能从一堂课、一场报告、一次活动转化为规律性、恒久性的教育目标。

(2)只有将高中思政课的教书育人引导到党和国家意志的意识形态轨道上,其育人目标才能与中华民族伟大复兴、中国特色社会主义现代化建设事业的目标保持统一,才能真正实现广大青年学子把"爱国情、强国志、报国行自觉融入坚持和发展中国特色社会主义事业、建设社会主义现代化强国、实现中华民族伟大复兴的奋斗之中"。

(3)高中思政课只有实现意识形态目标和育人目标的内在融合,学生才能发自内心地体味到其独有的世界观、人生观、价值观的意境和魅力,感受到其在自身生活学习实践中的重大价值和深远意义,高中思政课才能真正为学生所喜欢和关注,才能切实成为学生"真心喜爱、终身受益、毕生难忘"的优秀课程。

三、注重社会实践目标

社会实践是高中思政课教学中重要的一环。教师除了讲授课程内容这一单一的教学形式外,还可以通过开展演讲、表演、知识竞赛等手段引导和教育学生喜欢上政治这门学科。同时,紧紧围绕思想政治课的有关内容或在思想政治课程的理论教学中,适时地开展以上活动,通过讲座、讨论、辩论、社会调查、小论文等多种形式对学生进行潜移默化的德育教育。例如,在讲授"市场缺陷"这一课时,我们和学生探讨了三聚氰胺事件,并让同学们各抒己见,说说自己对三聚氰胺事件的看法,最后大家一致认为:诚信是社会契约的前提,道德是商业文明的基石。以牺牲道德和消费者利益换取利润,最终必然会付出沉重的代价。在讲授"市场体系"这一课时,课前我们布置学生进行生活观察,把观察到的在市场交易中违反平等原则的事例编排成小品,学生通过角色扮演便可以体会到不管是消费者还是销售者都应该相互尊重。在角色模拟中,让学生模拟现实生活中的典型场景及其相关人员的言行,有利于培养学生的道德意识。在讲授"市场调节"这一课时,让学生自己设计关于中学生消费的问卷,在校园内对学生进行消费调查,在课堂上指导学生对自己的调查问卷进行分析总结,使他们认识到目前有一部分学生存在着不正确的消费行为,从而引导其树立正确的消费观。通过多种教学形式,既优化了课堂的教学结构,提高了政治课教学的质量,又使德育在政治学科中的渗透得到了进一步的落实。

思想政治教师把"爱的教育"融入社会主义核心价值观,把社会实践与志愿服务活动有机嫁接,开展挂钩志愿服务社会实践,全市社区成为高中生社会实践的主课堂。实践活动既有统一布置的"千名中学生进社区"综合实践课,也有学生自我完善的如选修课程"炒股入门"体验实践课;既有本省本市"学工、学农、学商"的实践基地课,也有红色路线和旧址的主题活动课。组织优秀中学生赴革命老区开展"重走红色路,重温老区情"缅怀英烈,接受革命传统教育的主题实践活动,并定期组织学生瞻仰烈士陵园、革命旧址,加强爱国主义教育。

寻找身边"好人"活动。以"好人就在身边,好人就是自己"为主题,引导学生发现身边好人、争当身边好人。我们应该将身边的先进典型事迹引入思想政治课堂、道德讲堂,传递强大正能量。学会做好人,推进思想政治的特色志愿者活动,积极参与"三下乡"、创文明和环保活动,同时在关爱他人、自然、社会等各类活动中奉献爱心、服务社会,寻找身边"好人"并尝试做好人,学会奉献,学会负责,学会追求。

办好中学"道德讲堂"。学校建立道德讲堂,鼓励年级开展道德论坛。在思想政治课堂上我们要利用好综合探究课,如必修 3"政治与法治"的综合探究"坚持党的领导、人民当家作主、依法治国有机统一"可探讨法治与德治相统一问题,培养法治使人共享尊严、让社会更和谐、让生活更美好的认知和情感,做社会主义法治道德的忠实崇尚者、自觉遵守者。思想政治教师在学校的道德讲堂授课中,结合学生学习思想实际,侧重组织"讲民族精神、讲传统美德、讲学习先进、讲校园风尚",使其成为思想政治课堂的延伸拓展和中学思想道德建设高地。

四、寓教于乐于美目标

思想政治课的教学实效性凸显在使学生崇尚美德,认同并践行主流价值观,匡扶正义,相信并遵守秩序和法律,促使受教育者接受文明、提高素质。教的这种实效性的实现,通过多种手段,使学生获得愉悦的具体形象,在审美体验和审美感受中得到陶冶、教化。"寓教于乐""寓教于美"强调的真、善、美必须通过明晰的个性化转化为个体感性的愉悦才能被有效接受,即思想政治课教学同样是形式与内容的美的统一融合。

当今社会畅通的信息、发达的科技、教育领域广泛应用的多媒体技术,使思想政治课教师在教学中有条件采用各种形式的手段、技巧和方法,采取不同的载体、媒体,通过生动、形象的教学手段,让学生在"乐"和"美"中悦纳知识和思想。在寓教于乐、寓教于美的教学活动中,学生境界得到了提升,灵魂得到了净化,教学实效性也得以实现。

(一)寓教于乐

寓教于乐与古今中外的"乐学"思想承接,旨在紧扣学生学习的各种需求,让学生在愉快中求发展,从而达到情绪情感与认知相互促进的目的。在思想政治教育过程中,如何达成寓教于乐的目标呢?

首先,在教学中,如何引发学生的快乐——兴趣情绪的方法有很多,如何寓教于乐呢?在教学中,对学生发生影响的最重要的东西,莫过于教学内容本身。一方面,教师应通过教学内容满足学生的求知需要。在思想政治教学过程中,教师应巧妙地组织教学内容,尤其是要处理好教材中看上去似乎"枯燥乏味""简单易懂""教条性""经典性"的内容,变换教学内容的呈现方式,给学生出乎意料的新颖感受。同时,教师要尽可能地联系实际,从学生已有的知识经验出发,尽量让教学内容和教学事例贴近学生的生活。另一方面,教师要注意采用能引发学生兴趣的教学方法,如启发式教学法、合作学习法,在思想政治教育课堂上,教师可以采用客串演讲、角色转换等趣味化、具体形象化的教学方式,促进学生的乐学。寓教于乐原则在强调教师应尽可能组织好教学内容和形式以满足学生需要的同时,也需要教师调节学生的需要、预期和认知评价,对于不合理的需要,要加以积极引导;对于教学所要求的但又为学生所缺乏的需要,要加以努力培养,从而达成学生的需要与最终的教学目标和谐统一。例如在思想政治教育中,现代学生越来越重视实用性方面的知识,而马克思基本理论已不能满足学生的需要,这就要教育者在坚持教授必要的基本理论知识的同时,充分运用一切教学手段引导学生的需要,以生动、形象的事实和令人信服、雄辩的道理,让学生认识到掌握基本知识与今后在实践中运用实用知识的统一性关系,使掌握基本理论知识的要求,内化为学生新的求知需要,使基本理论知识同样因能满足学生需要成为学生乐于接受的知识。

其次,寓教于乐强调引发学生积极愉悦的情感提高教学效果,但由于教师在教学过程中起主导作用,要引导学生"乐学",教师先应做到"乐教",即教师自身应该保持积极愉悦的精神状态,把自己积极的情绪、情感传达给学生,同时应采用幽默的言语活跃课堂气氛,增强学生学习的愉悦感和兴趣,提高教育效果。当然,对于这里的"乐"还有一个度的把握。愉快是一种正情绪,但现代心理学研究表明,愉快在体验上有强弱之分,过分的或强烈的愉快情绪会减缓思维,过低或过弱的愉快情绪会抑制思维,适度的愉快才能促进思维和学习。因此,在思想政治教育中要激发学生适度的愉快情绪,既不能让学生处在消极沉闷的情绪中,也不能让学生一直处在亢奋的情绪状态中。

再次,寓教于乐应以"外在乐"向"内在乐"方向转化。人类的情感是遵循着情绪—情感—情操这样一个从低级到高级的轨道发展的。情绪作为情感的过程,可以分为两类,一类是与生物性需要相联系的基本情绪,一类是与社会性相联系的社会性情绪。社会性情绪又可分为与基本社会需要相联系的情感,以及与高级社会需要相联系的情操。以快乐情绪为例,它有不同的层次水平:作为基本情绪的快乐,作为情感外显的快乐,作为情操外显的快乐。与此相应,同样是兴趣,也有不同层次:有趣、乐趣和志趣。

在寓教于乐教学中,虽然在于引发学生的快乐和兴趣情趣,但其目标并不能仅仅停留在低层次的调节上,而应该以情绪调节为切入口,引导学生在愉悦的学习中不仅掌握所学的理论知识,而且要培养学生乐于探求新知、主动实践的热情,实现由低层次的"乐中学"向高层次的"学中乐"方向转化。在思想政治教育中,教师不仅要采取生动活泼的教学形式以及启发式教学使学生在愉悦中掌握马克思主义理论知识,寓教于乐最主要的还是教师通过操作教学中的认知系统来引发学生的快乐-兴趣情绪,注意用所学的理论知识激发学生的情感,升华为学生高尚的情操。

最后,寓教于乐强调的是发挥快乐-兴趣这对正面情趣对学生的积极作用,但这并不意味着否定其他情绪,甚至是负面情绪在教学活动中可能具有的促进作用,只是它们对学生学习活动的促进作用,往往是有条件的,是在一定情况下对某种学生适宜的,缺乏普遍的适用性。焦虑虽然是一种负面情绪,但是现代心理学研究表明,焦虑于学习效率成倒 U 形曲线,即中等程度的焦虑有助于提高学习效率。因此在思想政治教育中,也应该适度保持学生的焦虑情绪以提高教育效果。比如,为学生安排有适当难度的任务;提供成绩信息,而非评价信息;强调班组之间的竞争,减少个人间的竞争等。在思想政治教育中实现寓教于乐的目标,除了注意以上几点,在现实中,还需要教育者根据不同的教育情况在不同层面加以运用,在具体的教学实践中进行探索,真正发挥情感的作用,提高思想政治教育水平和效果。

(二)寓教于美

李颖在《解读高中新课程》中,强调课程实施的实践性和开放性,要引导学生在认识社会、适应社会、融入社会的实践活动中,感受政治的针对性、实效性,要恰当地采取释疑解惑、循循善诱的方式,帮助学生认同正确的价值标准,把握正确的政治方向。毋庸置疑,在新课程背景下,思想政治课课堂教学仍然是我们引导学生合作、探究、主动学习,促使学生全面提高、引导学生健康成长的主阵地,而照本宣科式、填鸭灌注式的课堂教学只会令学生昏昏欲睡乃至生厌,不是我们提倡的。大量的教学实践告诉我们:要想求得课堂教学的高效,切实减轻学生过重的学业负担,有必要搞活课堂,让学生置身于美的享受之中。这是激活课堂的重要途径。

1.语言美,激活课堂气氛

课堂教学是一门诉诸语言的艺术。苏联教育家苏霍姆林斯基说过:教师的语言修养,在极大程度上决定着学生在课堂上脑力劳动的效率。教师课堂语言修养的差异,直接影响到课堂的教学效果。抑扬顿挫、幽默诙谐、通俗易懂、巧用典故、精练新鲜的语言能使学生得到美的享受和精神的鼓舞,从而获得深刻的教益。

情随境迁。在教学过程中,教师通过教学语言刻意地创设一种情境,把学生带入预设意境之中,让他们的心灵深处受到强烈震撼而产生共鸣,从而和我们所要传授的知识相呼应。为此,要求教师情随境迁,根据不同的教学内容,情以文异,情以理发。时有气吞山河之慨、时有满面含春之雅、时有拔地而起之势、时有寒塘映月之静,这样使学生大脑皮层处于兴奋状态,以更好地接受新知识、参与教学活动。如在传授"文化的辉煌"时,充满自豪,五千年的文明娓娓如诉;谈及衰微,轻柔苍凉,百年的屈辱刻骨铭心;展望现代和未来的重振,慷慨激昂,美好的蓝图催人奋进。其间再配以视频画面激活课堂,吸引学生的注意力,引发学生产生情感共鸣,提高课堂教学效果。再如,在高三时政复习阶段,背景资料的介绍讨论时可如辩论赛的主持人那样控制时间,适当总结;讲到重点时,语气加重,引起注意;讲解难点时,略带停顿,以卖关子的方式激发学生思维,自始至终语音悦耳动听、语调起伏跌宕。

幽默诙谐。有人认为课堂教学尤其是思想政治课教学是一件很严肃的事,若用幽默风趣的语言引起学生的笑声不庄重,我们不赞同这种观点。法国演讲家海茵兹·雷曼麦说过:用幽默的方式说出严肃的道理比直截了当地提出更能为人接受。事实上,课堂教学恰当地运用幽默是启迪学生思维、增强学科教学吸引力的重要手段。其主要表现形式之一是以一种轻松、诙谐、欢乐的情调来表示深刻的内容。它可以打破沉闷的课堂气氛,融洽师生感情,激发兴趣,引发共鸣,使学生在轻松愉快中掌握知识,接受教育。著名教育家巴班斯基认为:一堂课上之所以必须有趣味性,并非为了引起笑声或耗费精力,趣味性应该使课堂上掌握所学材料的认识活动积极化。李如密先生在他的《教学艺术论》中向我们介绍了教学幽默的技巧与方法,我们在课上经常会用到,效果较好。

通俗易懂。用平常的事例解决难题,帮助学生走出困境。如在回答"为什么"类题目时,有些学生常顾此失彼,不能从原理必要性、重要性的角度回答。教师说:小时候就会讲的话怎么现在忘了呢?那天你打了小朋友,问你为什么打他。你说:他先打我的(讲明必要性);打了他,他就不敢欺负我了(说明重要性);人不犯我,我不犯人,人若犯我,我必犯人(上升到原则性问题）。学生哈哈大笑之后，释然畅怀，基本上把握了这类题的解题思路。

巧用典故。在教学中根据内容的需要，对某些概念、词语的内涵、外延作巧妙的解释。精心设计或引用幽默诙谐的典故，可达到与内容相映成趣、加深对知识的理解之效。原理的具体应用：是骡子是马拉出来遛遛，实践是检验真理的唯一标准，实践决定认识；按图索骥，教条主义笑死人；打蛇要打七寸，善于抓重点；草船借箭，要学会认识和利用规律；诸葛亮退五路兵，具体问题具体分析等。

精练新鲜。课堂时间是有限的，其中还要留有一定的时间让学生探究、讨论、领悟、巩固。这就要求教师要将课堂教学语言认真提炼，做到严谨清晰，讲解要抓住重点，击中要害；点拨要言简意赅，适可而止，而非长篇大论。莎士比亚说过：简洁是智慧的灵魂，冗长是肤浅的藻饰。为使课堂语言精练生动，在备课过程中，教师必须理清教材的重点、难点，精心设计开场白、过渡词和结束语，尽可能做到字斟句酌、金口玉言、掷地有声。口头语言需精练，书面语言即板书更需精练。在黑板上写得密密麻麻，或用投影仪投出一大段答案（结论）让学生拼命抄并不是好的做法，而是要引导学生一起概括，做到提纲挈领，一目了然。

刺激物的新异性是引起无意注意的最重要原因之一。司空见惯的东西不易引起人们的注意，而新异的东西就特别引人注目，所以，课堂语言还应力求新鲜，力求提高针对性，做到与时俱进。同样是组织学生讨论问题，我们可以这样说，头脑风暴开始；也可以这样说，下面，我们来做做健脑操；甚至可以用上网络语言把刚学的知识有选择性地复制、粘贴过来；当然也可以仁者见仁，智者见智，大家各抒己见，这样会营造一种新鲜又融洽的氛围，令大家兴趣盎然。

为激活课堂气氛，提高教学效益，教师应努力提高自己的语言修养，不断锤炼自己的语言，尽力做到：像哲学语言一样深刻，像逻辑语言一样严谨，像语法学一样规范，像修辞学一样生动，像政治语言一样精确，像诗歌语言一样凝练，像相声学一样风趣，像大众化语言一样通俗，能充分调动起学生学习的劲头，振奋起学生的精神状态，让学生更好地掌握课程知识。

2.问题美，激活学生思维

古人云，学起于思，思源于疑。思维作为智力活动的中心，它源于问题，问题是思维的推动力，因此精心设计课堂提问及书面题目，无疑可以激活学生思维，使学生真正享受到思考之乐、知识内化之乐。

巧妙设问,把握四个度。教师备课时要潜心研究,反复推敲,精心策划,在问什么上下功夫,注意四个度:一是难度,应把问题设置在最近发展区内,既不能让学生唾手可得,也不能使之无所适从,而应让学生跳一跳,摘得到。二是跨度,问题的设置应有主次、轻重之分,紧扣中心内容,注意问题的内在联系、前后衔接。三是坡度,问题的设置要由易到难,层层推进,步步深入。四是梯度,要面向全体学生,兼顾两头,既让学习成绩好的学生吃饱吃好,又让学困生得以参与和发展。

善于发问,注意三个 W。第一个 W:when,即发问时机。课堂教学过程中,教师随时都可以发问,但只有当学生处于心求通而未得、口欲言而不能的状态时发问,才能取得良效。因为此时学生注意力集中,思维激活,对教师的发问往往能入耳入脑。否则,有机不发或无机而发,都会给教学带来损失。第二个 W:who,即发问对象。课堂提问应注意面向全体学生,切忌先点人后提问,更不能只问优秀生,忽略中等生,冷落学困生。同时,注意提问因人而异,尊重学生个性,针对不同的学生采用不同的方式提出不同的问题。第三个 W:how,即发问方式。应注意灵活多变,可以口头形式,也可以书面形式;可以相对集中,也可以有意分散;可以让个别学生作答,也可以让全班学生讨论。在形式上,发问切忌按座位顺序点名提问。应打破次序,有目的地随机提问。

思想政治课,不仅是一门知识课,更是帮助学生提高能力、增强智力的思维训练课。美妙的课堂提问可以增进师生交流,吸引学生的注意力,激发学生强烈的求知欲和浓厚的学习兴趣;可以打开学生思维的闸门,使他们思潮翻滚,有所发现和领悟,收到一石激起千层浪的效果。

3.策略美,瞄准三维目标

教师应以学生的终身全面发展为己任,强调教学中知识和能力、过程和方法、情感态度与价值观三维目标。现代教学观认为教学是师生交往、积极互动、共同发展的过程。它要求师生通过交流、沟通合作、互动的方式分享彼此的思考、经验和知识,分享彼此的情感、体验与观念,丰富教学内容,求得新的发现,从而达到共识、共享、共进,实现教学相长、共同发展。为此,教师宜采用灵活的教学策略,把教师主导的目标评价过程与学生经历的活动表现过程结合起来,努力达成知识和能力、过程和方法、情感态度和价值观的三维目标。

精心开发课程,调动学生积极性。利用多媒体教学可以使教学内容鲜明生动,直观形象,丰富多彩,激发学生的学习兴趣,加深学生对知识的理解，还为我们提供了开发教学资源的广阔空间，根据新课标、教材的具体内容和学生实际，课堂教学的素材既可以由教师搜索而来，也可以在教师的指导下由学生寻找而得；既可以是网络资源，也可以是学生资源（学习经验、生活经验、个体差异等）、教师资源、环境情境等。无论是哪方面内容、怎样获得的，都必须注意典型性与趣味性相结合，时事性和针对性相结合，启发性和教育性相结合，理论与实践相结合，这些都是我们在事前指导和事后整合时必须注意的。

我们通常采用的方法是，在一节课快结束时，抛出下一节课要解决的问题，引导学生探究。如在讲授完民族精神的基本内涵后，提出：新时代民族精神是怎样表现的？我们应怎样弘扬民族精神？这两个问题请同学们课后思考、讨论，截至下一节课前两小时提交相关资料。课前，我们将学生提交的资料与我们准备的材料进行有机整合，做成多媒体课件，在讲授弘扬中华民族精神时，学生看到自己提供的诸如井冈山精神、红岩精神、抗洪救灾精神等方面的图文上了大屏幕，无不欢欣鼓舞。

转变教和学的方式，引导学生自主探究合作学习。如果把学生当作被动接受知识的容器，采取填鸭式、满堂灌的方式，学生的思维会受到严重束缚。因此有必要采取灵活的教学方式，实现教师的教和学生的学两方面的转变。具体方式有研究式、讲座式、自主探究式、小组协作式、和谐合作式、综合活动式等，其中综合活动式就是让学生在活动中学、在实际情境中学的一种教学组织形式，把教学内容活动化，让学生感受、理解知识产生和发展的过程，培养学生获取知识的能力，分析和解决问题的能力，表达的能力，团结协作和社会活动的能力，增强学生的情感体验，从而实现学生的自我教育、自我提高。

五、构建课堂评价目标

随着高中新课程改革的逐步推进，改革正从经验型转为科学型。思想政治课教师的教育观念、教学策略、教学手段等已经有很大的变革，但要真正达到课堂教学的理想境界，就有无数个教学设计的"方程"等着我们去破解。只有在全面、细致了解学生的心理和知识、能力状况以及最大限度地掌握反馈信息的前提下，教学设计才能有的放矢，确保人文性、科学性、针对性、创新性、实效性等原则。优秀的思想政治课教学设计应该是这样的：定位准确、取舍合理、容量得当、风格鲜明，充分契合学生的心理特点和认知水平,有利于激发学生的求知欲。那么,一堂好的思想政治课,其标准又是什么呢? 教师们基本达成这样的共识:因不同课型、不同年级以及不同评价者,对同一节思想政治课的评价标准也会有所不同。对评价一堂好课的参照体系,我们拟作如下探讨。

（一）看课堂教学能否促进知识建构

要实现教学重心的下移,切实地把学习的权利交给学生。新课程背景下,思想政治教师在课堂教学中应把自身的角色定位为组织者、引导者和合作者。

1.作为课堂的组织者

思想政治教师应确定"以学定教"的理念,善用课程资源,选择教学内容,组织学生参与各类学习活动,指导学生去寻找最佳的学习方式;教学流程要更关注思想政治学科知识在课堂中生成,利用灵活多样、巧妙的教学组织形式演绎抽象的哲理、经济生活、政治生活等知识,使学生乐学、有情趣,师生发扬教学民主,营造宽松、和谐的课堂氛围。

2.作为学习的引导者

思想政治教师应成为学生和课本之间的桥梁和纽带;作为学生的引领促进者,教师要放得下师道尊严的架子,融入学生的思想政治课学习活动之中并与学生一起倾听、探究和学习。例如在学习必修3"政治与法治"的"人民群众直接行使民主权利的生动实践"时,教师与学生共同制定民主选举的规程,一起进行村长选举的情景模拟。

3.作为学习的合作者

思想政治教师应在民主、平等的氛围中和学生形成学习的共同体。教师应该设计出富有时代特色(如当前国内外重大时政)的情境以启发学生思考热点问题,创设学生学习的平台和路径,让学生交流、判断、评价和反思,帮助学生新旧知识的整合和建构,通过分析示范、时政讲解,尤其是经济、政治、文化知识的提炼和概括,促进学生进行有意义的学习。

下面就以议题式主题教学活动设计必修3"政治与法治"的"人民群众直接行使民主权利的生动实践"主题活动为例,展示我们是如何在新课程背景下,思想政治教师在课堂教学中应把自身的角色定位为组织者、引导者和合作者。

❋ 有序与无序的政治参与

一、教学思路

由于本课是活动课，因此教材篇幅不大，内容不多，主要是先开展"抢答碰碰碰"课堂游戏活动，调动全班学生学习的热情；然后出示有序与无序两个对比真实视频案例，进入实践活动的主题，探究有序与无序政治参与的区别，然后让学生归纳出有序参与政治生活的意义和无序参与政治生活的后果。最后是设置一个有关"高中是否取消文理分科"的"模拟记者招待会"的政治生活，让学生体验政治参与。

二、教学目标

1.政治认同：就是要培养学生对中国共产党和社会主义的真挚情感和理性认同，使学生拥护中国共产党的领导，坚定中国特色社会主义理想信念。

2.科学精神：通过主题活动使学生坚持马克思主义世界观和方法论，对个人成长、社会进步、国家发展和人类文明作出正确的价值判断和行为选择。提高查阅资料、运用所学理论剖析案例的能力，增强学生参与政治生活的实际能力。

3.法治意识：参加主题活动就是要使学生尊法学法守法用法，自觉参加社会主义法治国家建设，树立民主法治理念，以主人翁态度自觉依法有序地参与政治生活。

4.公共参与：通过活动培养学生集体主义精神，培养学生乐于为人民服务，积极行使人民当家作主的政治权利，履行义务，明确有序的与无序的政治参与的区别，能够结合实例说出"有序"与"无序"的代价和后果，体现人民当家作主的责任担当。

三、教学重点

有序与无序政治参与的区别及不同结果。

四、教学方法

1. 情景引导法：通过"情景—质疑"的教学模式启发、引导学生思考。

2. 合作探究法：课前学生以组为单位，分工合作，分别查阅资料、思考问题，教学过程中注重师生间的谈话和学生间的讨论、探究。

3. 模拟实践法：如举行"模拟记者招待会"。

五、教学用具

多媒体、"模拟记者招待会"所需的道具。

六、课前准备

1. 学生预习课文,复习第一单元的基础知识。

2. 学生收集资料:查阅宪法中有关公民的有序政治参与的相关规定;收集公民有序政治参与与无序政治参与的典型案例。

3. "模拟记者招待会"程序的预设。

七、课时安排

一课时45分钟。

八、教学过程

【导入新课】(5分钟)

[师]通过第一单元的学习,我国公民的政治参与主要包括哪些方面?

[生]学生齐答——民主选举、民主决策、民主管理、民主监督、民主协商。

情境分析、问题抢答:

(省略四张不同情景图)

[师]以上各张图片中的内容是否属于政治参与? 是哪方面的政治参与? 图中人物的做法对不对? 为什么?

[生]学生抢答(开展"抢答碰碰碰",答对的学生获过程性评价1分)。

[师]引导学生判断并说明理由。

引出本课研究课题:"有序与无序的政治参与"(板书)。

【讲授新课】(20分钟)

【案例探究】

视频一:脱贫致富的村民选举(有序的民主参与)

视频二:历史上最"牛"村委选举(无序的民主参与)

[师]同学们观看了以上两段视频,明显看出前者是一种有序的民主参与,后者是一种无序的民主参与。现在让我们一起来探究下列问题。

探究问题一:通过这两段视频,你看到有序和无序政治参与有何区别?

[师]同学们看了这两段精彩的视频,笑过之后,试着思考一下:两段视频反映的选举过程,不一样的地方是什么?

[生]说出场景中不同的现象,并归纳——视频一属于有序的政治参

与,视频二属于无序的政治参与。

　　[师]有序和无序政治参与有什么区别？区别的准绳是什么？

　　(师生共同归纳)

　　区别：

　　(1)是否遵循法律、规则、程序参与政治生活。

　　(2)是否依法行使政治权利、履行政治性义务。

　　(3)是否正确处理权利与义务的关系。

　　准绳：法律、规则。

　　探究问题二：从视频中你看到了有序政治参与的意义和无序政治参与的后果各是什么？

　　(学生在教师引导下讨论回答)

　　"视频一：脱贫致富的村民选举"的意义

　　(1)能选出尊重民意的村委。(维护社会稳定和谐。)

　　(2)维护了选民的合法权益。(选民的政治素质。)

　　(3)增强村委候选人政治素养和参与政治生活的能力。

　　(4)促进公共管理和廉政建设。

　　……

　　"视频二：历史上最'牛'村委选举"的代价和后果

　　(1)藐视法律,选举结果无效。

　　(2)侵犯公民自身的合法权益。

　　(3)秩序混乱的政治活动。

　　(4)国家、集体、他人的利益遭到损害。

　　……

　　探究问题三：公民应怎样有序参与政治生活？

　　[师]有序的政治参与意义重大,而无序的政治参与会带来一系列不良后果。那么,我们应该如何做到有序地参与政治生活呢？

　　[生]学生回顾已学知识回答。

　　(1)参与政治生活应把握哪些基本原则？

　　(2)如何珍惜自己的选举权利？

　　(3)如何负责地行使监督权利？

　　[师]我们应该如何做到有序地参与政治生活呢？(引导学生从刚才的分析中找到共同点。)

　　[师生共同归纳](1)党的领导；　(2)法律、规则、程序；　(3)权利义

务；（4）积极参与实践锻炼。

【模拟体验】（模拟记者招待会）

（多媒体板书）——体验有序政治参与怎么做

[师]前面，同学们已经一起归纳了公民有序参与政治生活的原因、内容和实施的方向，同时也明确了该如何有序参与，现在我们就一起参与实践体验。

[生]好！

[师]现在如果让我们在座的同学们去参加一次真正的政治生活可能难度较大，我们可以模拟一次政治参与生活，让我们围绕"高中是否取消文理分科"进行科学民主决策。

[师]下面请大家围绕下列主题和要求进行分组讨论，明确提出有关"高中是否取消文理分科"的观点，再让同学们评议一下你的观点是否全面、合理。注意根据板书提示的以下几个方面来开展活动。

主题：高中是否取消文理分科

注：《国家中长期教育改革和发展规划纲要（征求意见稿）》中就此问题向社会各界征求意见。

要求：假如你是教育部新闻发言人，请对"高中是否取消文理分科"问题做一些官方的解释。其他同学可以模拟媒体记者、学生或家长代表等，针对"高中是否取消文理分科"提出相应的问题。

[师]请按两桌四人为一组先分组讨论，再推荐代表发言。

投影提示：教师使用多媒体展示三类观点：

高中取消文理分科的必要性和可行性。

1.专家看法。

2.一些老师、家长和学生的看法。

3.教育部意见。

● 对于以上观点你是怎么看的？

● 请你参加一次模拟的政治参与活动。

学生讨论5分钟并推举发言人。

[师]好，那么下面就有请我们的教育部发言人为我们带来"记者招待会"。看看我们如何有序地参与政治，进行民主决策。

由全班推荐一至两个材料内容准备充分的学生代表上台担任教育部

新闻发言人,代表教育部官方回答由讲台下同学自由提出的问题。

学生1:不改变高考怎么取消分科,高中取消文理分科最大的障碍是高考制度,只要高考制度不变,分科就会永远存在。对此你怎么看?

学生2:有些地区高一就提前"隐形分科",这怎么办?

学生3:高中文理分科都分了这么多年了,现在才出来说不支持,那以前那么长的时间里,教育部门为什么不作为?

学生4:为了高考升学,我们的压力太大,取消文理分科要学习更多内容。请多体谅高中学生!

【课堂小结】

[师]引导学生研究"目录"和第一单元"管涌图",从整体上把握整个单元。

单元归结点:公民的有序的政治参与,对发展社会主义民主政治有重大意义,同时也有利于建设社会主义政治文明,构建社会主义和谐社会,发展中国特色社会主义。作为中学生应该从现在开始逐步树立法律意识、规则意识、民主意识。

坚持国家一切权力属于人民,从各个层次、各个领域扩大公民有序政治参与,最广泛地动员和组织人民依法管理国家事务和社会事务、管理经济和文化事业。

发展社会主义民主政治是我们党始终不渝的奋斗目标。

附:【板书设计】

❋ 有序与无序的政治参与

一、公民参与政治生活的重要内容与基本要求

1.案例探究:

(1)公民有序参与政治生活有什么意义?

(2)公民无序参与政治生活有什么后果?

2.知识导引:

(1)"有序"与"无序"的代价与后果。

(2)有序的与无序的政治参与的区别。

二、模拟体验（模拟记者招待会）——体验有序政治参与怎么做

课后反思

本节课是必修 3"政治与法治"中"基层群众自治制度"的内容，主题活动的要求是要让学生做到自主、探究、合作，在本节课的教学设计方面，充分体现了这个要求，整个教学的过程中，首先引导学生参与课堂热身活动"抢答碰碰碰"，调动课堂气氛，激发学生学习的热情；其次，让学生课前通过网络收集的资料，探讨相关的案例，体现学生的探究精神；再次，学生通过参加模拟体验（体验有序政治参与怎么做——模拟记者招待会）加强了对学生学科能力素养的培养，体现学生的参与性和主体性，让学生分组讨论，派代表发言，也体现了学生的团结合作精神。总的来说，本节课达到了教学目标，师生配合融洽，学生在这次活动课中认识有感悟、能力有提高，学科素养也得到了提升。[1]

（二）看教学过程能否体现学生主体

一堂成功的思想政治课一定有学生的积极参与。参与的广度和深度在一定程度上体现了学生的主体性。在思想政治课堂中学生的自主、合作、探究的学习方式体现了学生的主体地位，这是一种高度参与的课堂教学，观察学生在课堂中是否为主体，关键要看学生的参与状态，既看广度也看深度。就广度而言，要求绝大部分学生能参与到思想政治课教学活动中，并参与各个环节，以"哲学与文化"课堂教学为例，要看是否调动了绝大部分同学参与课堂"合作—探究"活动；就深度而言，要求学生积极主动地探究，潜心钻研思想政治学科问题。

（三）看核心素养能否在课堂中达成

课堂教学目标的设计必须符合思想政治新课标理念。在注重培养思想政治学科核心素养（政治认同、科学精神、法治意识、公共参与）的基础上，要关注学生在课堂教学过程中表现出的情绪、感情、态度以及关心、合作、交往等。教师要树立整体把握素养目标的思想，在思想政治课堂教学中有意识加以落实。一切为了学生，为了学生的全面发展和终身教育，教

---

① 蔡隆.运用心理辅导非语言艺术，促进师生有效互动[J].福建教育，2011（4）：37-39.

育的本质就是要以学生发展为本。在设计教学目标时，要根据"中国特色社会主义""经济与社会""政治与法治""哲学与文化"等模块的具体内容，尽可能地挖掘教材的情感、态度、价值观和教学活动的政治认同、科学精神、法治意识、公共参与的素养，在课堂上努力达成教学目标。

(四)看知识是否在课堂中动态生成

思想政治课堂教学不是知识的复制过程，而应是师生相互沟通、动态生成的过程，故要求教师形成课堂的动态观、生成观，在动态与生成中把握教学的丰富性和复杂性。创设高品质课堂教学的互动，主要指师生互动和生生互动，以及由此引发的师生、生生的逻辑互动、情感互动乃至心灵互动。思想政治课各模块的多数概念可以通过动态的课堂活动生成知识(如商品交换可用情景体验、民主监督可以模拟政治活动、传统文化采用学生表演或教师展示、矛盾分析法可以开展辩论等)，即课程内容活动化，活动内容课程化，通过各类互动来强调学习的主动性、社会性和情景性，这一方式具有很强的创新性、前瞻性和可操作性。可见，动态生成的课堂要充分调动师生的主动性和积极性，通过这种师生、生生互动来生成新知识，进而优化学习过程和学习效果，建构新知识体系。

(五)看课程资源是否适合学生发展

要求教师创造性地开发新课程资源。在备课环节中，由于思想政治课程时效性强、学科知识要不断与时俱进，教师要充分结合当前最新的时政内容对教材进行补充，做好"二次开发"。教师要结合师、生和广义课程资源特点，做好时政课程资源的开发、利用和整合，要善于打破生活资源与书本资源的界线，处理好书本与生活两者的关联，从中梳理出最适合学生学习的资源。同时，由于学生有个体差异、群体差异，思想政治课课程资源的选择应面向全体学生，课堂教学的资源应该体现普遍性和层次性，让学生更容易达到最近发展区。此外，在课程资源的选择上，要求思想政治教师把握国家大政方针政策，有开发课程资源的意识与能力，抓住思想政治学科特色，使资源开发利用更加合理有效。

(六)看知识理解能否拿出证据证明

评价学生是否真正掌握了课堂知识，不能流于表面，必须拿出证据来。思想政治课的知识理解不仅仅满足于外在的行为设计，如对"哲学与文化"

"物质"概念的掌握不是单纯观察学生对它是否识记,而是要评价学生能否对它有迁移和应用的理解。因此,我们可以从解释、释译、应用、洞察、移情、自我认识六个维度对思想政治课是否促进了学生的理解、教师是否为了理解而教进行评价。思想政治课堂知识理解的达成既要看学生是否掌握核心知识和技能,还要看教学效果,要看课程新知识是否纳入学生原有知识体系并内化为自己的知识,同时要看教师对学生的评价能否证明学习效果,好比这样问自己:学到多少东西? 学习愉快吗? 课堂效率高吗? 从最根本的意义上讲,以理解为目的的教学是为了尽可能地少教或免教,而能达到思想政治课的教学目标。

(七)看教师素养是否能在课堂展现

上好一节思想政治课,教师素养包括:敏锐的时政意识;渊博的知识,科学的理念;流利的言语,生动的表达;较强的感染力,有亲和力;善于课堂组织,有应变能力;艺术的课堂教学,有个性。教师这些素养都能给思想政治课增添有形或无形的色彩,一堂好的思想政治课是教师素养的集中展示,也是教师对思想政治课教学的思想性、科学性和艺术性的集中表达。

近年来,随着课程改革的不断深化,中学思想政治的教学设计百花齐放,每位老师都可以根据各自的条件、能力,创造性地设计教学活动,开辟多种途径,为充分发挥学生的主动性进行积极的探索和尝试。总之,我们认为,从教学设计的角度来评价一堂思想政治课是否成功,其标准应是这样的:在组织思想政治课堂有效教学时,要给学生留有自主发展的时间和空间,让学生积极主动地学习,素养得到主动的发展;能体现出思想政治学科的原味及特色;课堂与生活实践有效地结合,课程资源得以拓展,教师风采得以展现,并能出色地完成预设和生成;确实地把学习的权利交给学生等。如果这些方面都能在一节课中得到完美整合,则这节课无疑是精彩的好课。学生的学习需要就是思想政治课堂教学设计的出发点和依据,思想政治课教学质量孰优孰劣,主要看其教学产品满足学生学习需要的程度孰高孰低。

第三节　从课程内容看,善用课程资源,孕育正能量

习近平总书记说,思政课教师要给学生心灵埋下真善美的种子,引导学生扣好人生第一粒扣子。思政课教学就要坚持以马克思主义理论为核心,善于挖掘在课本里、在社会生活里、在网络世界里的正能元素、正能力量、正能价值、正能需要来激发学生的正能量。

一、挖掘教材的正能元素引导学生

(一)挖掘教材德育元素

古人说:"文以载道,道在其中。"任何一篇文学作品,都渗透着作者的情感、操行和道德素养。2019 年审定出版的统编版高中思想政治教材相比于传统的教材,在思想性、趣味性等方面都有很大的提高,更贴近实际,注重对学生进行思想、政治和道德教育。同时,2019 版统编版教材和时代实际紧密结合,可以作为教师备课的重要资源。高中政治教师不但要深入钻研教材,还要把教材的内容和学校、学生的实际情况紧密结合起来,这样才能更好地发挥教材的作用,才能更好地增强思想政治课的教育性,发挥其德育主渠道的作用。学生阅读教材,理解和把握新课程教材内容,是思想政治课教学强化德育功能的前提和关键。中学思想政治必修课程"中国特色社会主义""经济与社会""政治与法治""哲学与文化"等都渗透着社会主义核心价值观的内容,这些德育元素往往是内在的、深层的、贯穿始终的。因此,我们必须充分利用思想政治课教学协作组进行集体备课,通过整合课程标准、教材知识及能力要求,根据课程标准中情感、态度与价值观目标,基于学生的生活经验,以学生熟悉的生活现象、道德现象和学生的某一方面精神需求为切入点,深入挖掘教材中潜在的德育元素、德育教育点,确定教育目标,设计出灵活有效、有针对性的教学方法,对学生进行人生观、世界观和社会主义核心价值观的教学渗透,并在课堂教学中让学生充分理解教材,在潜移默化中孕育立德树人的正能量。

如在学习高中思想政治必修 2"经济与社会"第三课"我国的经济发展"时,教材内容更多的是一些经济方面的知识,似乎没有多少德育目标要实现。可是,如果深入挖掘教材,我们可以帮助学生理解教材,引导他们树立正确的市场参与意识和竞争意识,培养学生良好的社会责任感。通过学习帮助学生树立有效利用资源、节约资源的观念,养成勤俭节约的好习惯。通过理解教材帮助学生养成诚信为本、操守为重的良好个人行为习惯和良好道德品质。这些最终有利于提高学生的道德认知水平。

(二)选择思想正面的校本课程

我们要积极开发思想政治校本课程,培育学生群体向上向善的力量,以"爱的教育"为标志,教育引导学生感恩社会、回馈社会。学生学习校本课程的浓厚兴趣可激起强大的学习动力,进而产生自强不息、奋发向上的正能量。根据中学生的身心特点,结合思政校本课程,点燃探索心理,激发求知欲,在充满活力的课堂中,迸发出创造性的火花。高中政治教师应在日常教学中训练高中生分辨谣言的能力,并在获取了社会新闻中的信息后进行独立的思考。

例如,在学习"食品安全"相关内容时,高中政治教师就要让高中生明白"食品安全"的定义,并强调"用量"这个概念,让学生在生活中懂得如何用辩证的眼光看待问题。同时,教师要让学生树立起面对当今社会弊端的勇气,鼓励学生立志改善问题。

又如,在学习"树立正确的消费观"这一内容时,我们可以结合学生平时的消费方式和消费习惯,首先讨论什么是健康、文明的消费观?我们的消费观对个人和社会有什么影响?我们应如何让学生树立健康、和谐的消费观,以及需要做些什么?通过这些问题的分析和解答,让同学们树立主人翁意识,通过学习这个知识点学会如何承担起社会的责任。

(三)围绕教材把握德育渗透的"度"

在思想政治教学中,教师首先应该围绕教材,找准"渗透点",按照学生的认识规律和教学进度把握好"渗透时机"。如果"渗透点"与"渗透时机"没有处理好,其效果也会大打折扣,只要把握好德育渗透的"度",就会达到事半功倍的效果。比如,在学习"国际竞争的实质"一课时,正是"嫦娥二号"卫星发射成功不久,于是教师在课堂上就给同学们放映了一段"嫦娥二号"卫星在酒泉卫星发射中心发射时的视频,告诉学生"嫦娥二号"的主要任务是获得更清晰、更详细的月球表面影像数据和月球极区表面数据，因"嫦娥二号"卫星上搭载的 CCD 照相机的分辨率将更高，其他探测设备也将有所改进。同时，技术团队为"嫦娥二号"实现月球软着陆进行部分关键技术试验，并对"嫦娥二号"着陆区进行了高精度成像。此外，还进一步探测月球表面元素分布、月壤厚度、地月空间环境等，通过播放视频，使学生的爱国热情高涨，此时教师再顺势引导学生树立科教兴国的意识，就会收到较好的效果。

挖掘教材的正能元素，如正能力量、三观的正能价值、内在的正能需要驱动学生传递追梦正能量。下面就以高中思想政治课必修 4"哲学与文化"课程教学为例，讲以"中国梦"作为课程资源进行德育渗透，融入"哲学与文化"课程教学"度"的把握。

1.置身"哲学与文化"，领略中国之梦

习近平总书记在 2013 年 5 月 2 日给北京大学学生的回信中指出："中国梦是国家的梦、民族的梦，也是包括广大青年在内的每个中国人的梦。""只有把人生理想融入国家和民族的事业中，才能最终成就一番事业。"①因此，中国梦与"哲学与文化"课程的目标取向、本质内涵有着内在契合性。

（1）目标取向契合性。中国梦蕴含着浓厚的"家国情怀"，折射着人们内心深处的"同呼吸共命运意识"，凝聚着"复兴中华"的探索与奋斗。实现中华民族伟大复兴的中国梦，是既要让人们共同享有人生出彩和梦想成真的机会，又把全国人民更好地凝结起来，形成心往一处想、劲往一处使的磅礴力量，共同投身中国特色社会主义事业中，全面建成小康社会，最终实现中国梦。"哲学与文化"作为高中必修课程，其主要目标是帮助学生认识中国共产党始终代表中国先进文化的前进方向，认同面向世界、未来和现代化，认同民族的科学的大众的社会主义文化；懂得文化传承、交融和创新的意义，弘扬中华文化，正确对待各种文化现象，辨识落后文化，抵制腐朽文化，积极参加健康有益的文化活动，投身社会主义精神文明建设，不断追求更高的思想道德目标。

（2）本质内涵契合性。中国梦的本质内涵就是"国家富强，民族振兴，人民幸福"，就是我们要在 21 世纪上半叶，在与当代社会各种文明的交汇之中实现社会主义现代化。中国梦的内涵凝聚和寄托了几代中国人的夙

---

① 习近平给大学生回信：勇做走在时代前面的奋进者开拓者奉献者[N].人民日报，2013-05-05.

愿,体现了国家和人民的整体利益,它是每个中华儿女的共同期盼,是为人民造福的梦。"哲学与文化"课程在本质上鲜明地坚持马克思主义文化观,科学地认识文化在人类社会中的地位和作用。文化课程所采用的文化概念,是以党的基本纲领对文化建设的提法和要求为依据的,通过密切联系社会生活,帮助高中生加强自身文化修养,把个人人生理想融入实现中国梦的事业中,最终成为社会主义现代化建设的合格建设者和接班人。

2.指引"哲学与文化",感受多彩之梦

中国梦指引"哲学与文化"课程教学方向,可以使该课程更加鲜活更有吸引力,使学生在学习过程中敢于拥有梦想、追求梦想,帮助高中生树立正确的"三观",激励高中生弘扬以爱国主义为核心的民族精神和以改革创新为核心的时代精神,凝聚高中生强大的青春能量,共同为实现中华民族伟大复兴的中国梦而努力奋斗。

文化精神生活指引人生开启中国梦。习近平总书记指出:"中国梦是全国各族人民的共同理想,也是青年一代应该牢固树立的远大理想。"高中生需要树立一种文化精神支撑。这种文化精神只有鲜明反映高中生的理想和信念,才能为高中生所接受,而中国梦恰恰具备了这方面的特点。因此,中国梦指引了"哲学与文化"课程教学方向,将开启"哲学与文化"课程教学的新篇章,丰富"哲学与文化"课程的理论研究,促进高中思想政治学科教学的发展,加强高中生理想信念教育,强化文化精神生活,指引人生开启新篇章。

个人文化理想融入共同理想——中国梦。对于每个人来说,文化同经济、政治一样重要,都是追求美好幸福生活的重要内容。诚然,每个人都有自己的梦想,多数人都在为梦想而奋斗。但是不管个人梦想是什么,其实现还要依赖社会的发展,社会发展了才能够为人们实现个人梦想提供物质保证和文化精神支持。同样,国家梦又离不开每个人的梦想,国家梦归根到底是由成千上万的个人梦组成的。因此,通过在"哲学与文化"课程中阐述个人梦与中国梦的关系,可以很好地引导高中生处理好个人文化理想和社会共同理想的关系,将个人理想统一到社会共同理想——中国梦中去,在为实现社会共同理想的奋斗中实现个人理想。

中华民族精神激励学生弘扬中国梦。一个人不能没有精神,一个国家不能没有梦想。中华民族近代以来最伟大的梦想就是中国梦,它需要由伟大的中华民族精神做支撑。高中生要担负起实现中国梦的历史使命,需要强大的中华民族精神动力做支撑。因此,中国梦指引"哲学与文化"课程的教学,恰恰能激发高中生澎湃的中华民族精神和时代精神。

中国梦并不是遥不可及的,它犹如一盏明灯指引我们前进的方向,使我们不会迷失方向。中国梦的提出唤醒了人们深层的历史记忆,引起了强烈的共鸣,打动了亿万中国人的心。把中国梦融入"哲学与文化"课程,可以使基础课传递出一份温柔的真实感,使学生对"哲学与文化"课程的理论知识感到更加亲切、贴切、适切,更易于入耳、入脑、入心。

3.融入"哲学与文化",创新追梦途径

中国梦融入"哲学与文化"课程教学,是摆在高中思想政治课教学面前的一项崭新课题。如何将两者自然有机地融合起来,我们认为可从以下途径着手:

(1)将中国梦融入高中思想政治课教学中,是十分必要的。中学思想政治课堂是高中生意识形态教育的主阵地,要充分发挥思想政治课在高中生思想政治教育中的主渠道作用。要切实提高中国梦融入"哲学与文化"课程教学的效果,高中思想政治课教师必须对中国梦内涵和外延进行梳理,对中国梦的历史传承和时代意义进行发掘,对中国梦融入"哲学与文化"课程的合理性、必要性和实效性进行全面阐述,真正找到中国梦融入"哲学与文化"课程的切入点,使"哲学与文化"课程成为开展中国梦教育的坚实平台,使中国梦教育真正落到实处。

(2)实现中国梦融入"哲学与文化"课程采取的丰富多彩的教学形式。

①促进信息技术与课程的深度融合。如在必修4第七课第一框题"弘扬中华优秀传统文化与民族精神"授课时将学生分成若干个合作探究学习小组,让学生课前通过信息网络、微信、微博、电视广播、纸质媒体等搜集有关"中华民族精神"、中国梦的新闻、文字、视频、图片等素材,并将精选的素材制作成PPT,在课堂上向同学们展示"中华民族精神"——中国梦·我的梦。这样可以通过中国梦激发学生学习"哲学与文化"课程的兴趣,调动学生学习的积极性和主动性。

②借助课程的课堂情境模拟教学。"情境教学"是充分利用形象、典型场景,激起学生的学习兴趣,把认知活动与情感活动结合起来的一种教学模式。中国梦凝聚着中华儿女的情感,具有强大的共鸣效果,是开展情境教学的完美素材。通过开展中国梦情境教学,可以增强学生的文化自觉和文化自信,调动学生的积极因素,促使他们更加主动接受"哲学与文化"课程教育。因此我们可以通过"再现"老一辈如何追求梦想,如何实现梦想等情境,更好地促进高中生对知识的学习和情感的熏陶相融合,从而唤起学

生追求真理、探索未来、实现中国梦的热情。

③采用课程的生活化教育教学方式。陶行知先生指出："没有生活作中心的教育是死教育，没有生活作中心的学校是死学校，没有生活作中心的书本是死书本。"这就要求"哲学与文化"课程教学内容来源于生活，运用于生活，让学生在课堂里领悟"哲学与文化"课程的精髓而引导自己。中国梦的实现过程，必然是高中生平等地拥有出彩机会的过程。中国梦的提出，让原本看起来比较远大的共同理想显得更加贴近生活、更加生动活泼。因此，在"哲学与文化"课程教学中，我们应该尽量去发掘现实社会中关于追求中国梦的典型生活案例，并将其注入"哲学与文化"课程内容，使"哲学与文化"课程置于现实生活中，让学生在生活中感悟中国梦，不断追寻中国梦。

（3）开展中国梦融入"哲学与文化"课程的社会实践活动。

以社会实践活动为平台，扎实开展中国梦主题社会实践活动，是全面贯彻党的教育方针的要求。高中学校可以尝试通过开展社会调查、参观调研、志愿服务等各种"哲学与文化"校外实践教学，来进一步提高中国梦融入"哲学与文化"课程的实效性。例如，我们可以组织学生参观历史博物馆，感受中国传统文化，了解革命先辈们为了中华民族伟大复兴而付出的努力；可以组织学生深入社区，了解一方水土一方文化，体验千千万万老百姓的中国梦。通过开展校外实践活动，使学生在实践中感受文化教育，从点滴做起，自觉加强文化知识学习，不断增长才干，真正成为中国梦的主动践行者，谱写个人华丽篇章。

无论是置身文化艺术，领略文艺的精彩，还是深入社会实践，感受多姿多彩的乡土文化，每一次独特的文化体验，都有助于我们将中国梦融入"哲学与文化"课程教学，这不仅能提高中国梦教育的效果，增强"哲学与文化"课程的实效性，最主要的是能够帮助高中生树立文化自信和文化自觉，引导他们为实现国富民强的伟大中国梦而努力奋斗。

思政教育从根本上说离不开课堂。现在走班课堂、网络课堂、空中课堂等课堂建设，成效如何还不好说，回归课堂最本质的东西是最重要的。面对中学生思想上和认知上的困惑，面对互联网络带来的各种消极影响，我们要进行理性的和有针对性的分析。充分发挥中学思想政治理论课的主渠道和主阵地作用，通过中学思想政治理论课教学引发中学生的思想共振和情感共鸣，对于激发中学生的正能量，为中学生提供明辨是非、认识世界和改造世界的强有力思想武器，促进中学生的全面发展，具有重要的现实意义。

二、引用真理的正能力量照耀学生

用真理的正能力量感召学生，以深厚的理论功底赢得学生，不断增强思政课的思想性、理论性和亲和力、针对性。这是习近平总书记对思想政治理论课教学改革提出的基本要求，这一要求体现了思想政治理论课的内在规律，明确了思想政治理论课教师队伍建设的方向。

思想政治理论课要增强学生对"中国特色社会主义的思想认同、理论认同、情感认同"，只有从理论上深刻分析马克思主义的历史必然性和中国特色社会主义的科学真理性，让学生"沿着求真理、悟道理、明事理的方向前进"，才能使学生坚定中国特色社会主义道路自信、理论自信、制度自信、文化自信，才能让思想政治理论课入耳、入脑、入心，真正实现用马克思主义真理的力量感召学生。

（一）建设性和批判性相统一，培养学生科学精神

建设性和批判性的关系，本质上是立和破的关系。在学校开设思想政治理论课，就是要帮助学生进一步增强对马克思主义和共产主义的信仰、对中国特色社会主义的信念、对实现中华民族伟大复兴中国梦的信心、对党和政府的信任。党的十八大以来，党的意识形态建设得到极大加强，思想政治理论课教育教学环境得到了很大改变。但是，思想政治理论课教学从来就不是在一个封闭的条件下进行的。人们思想活动的独立性、选择性、多变性、差异性明显增强，社会主义主流意识形态教育面临着巨大挑战，仍然受到各种错误观点和思潮的干扰。真理是在比较中确立的。要立，就必须破。在思想政治理论课教学中，教师既要有讲清各种正面的正确观点的能力，还要有分析批判错误观点的本领。因此，思想政治理论课教师在教学中，既要理直气壮地讲清楚正确的观点，又要敢于直面各种错误观点和思潮，敢于亮剑，善于作出科学的分析和批判，引导学生对鱼龙混杂的思想观点进行辨析甄别、过滤净化，解决学生的思想困惑，提高学生的思想水平。

思想政治课教学中坚持问题导向，进行建设性和批判性相统一，培养学生的科学精神。首先要看问题是否具有针对性，是否抓住了学生关切、困惑的问题。我们要调查研究学生关注的、有疑惑的问题，并将这些问题

归纳归类。学生关注的具体问题可能多种多样，但深入分析这些问题，很多又具有同质性和相通性。将问题归类，实质上是一个进一步提炼深化，寻找深层次、根本性、复杂性问题的过程。这些经过归类的问题，正是引导教学走向深入的"引路石"。坚持问题导向，还要找准思政课教材中的重难点问题。教材是教学的基本遵循。教材中的基本原理和核心观点，都是对有关理论问题的回答。教材中的理论问题，则是来自实践中的现实问题，是对现实问题的理论抽象和表达。因此，找准教材中的重点难点，就是要透过结论找到问题，并以此问题为起点来引导教学、答疑释惑，树立科学精神。

（二）坚持政治性和学理性相统一，培养学生政治认同

政治性是思政课的鲜明特征，讲政治是思政课教育教学最基本的要求。但是，思政课教育教学坚持政治性不是单纯的摆立场、喊口号，而是要用学术讲政治。思政课面对的是广大青年学生，青年学生渴望真理，而且也明事理、讲道理。如果我们能够把马克思主义理论、中国特色社会主义理论、习近平新时代中国特色社会主义思想等科学的理论说得准、讲得清，以透彻的学理分析回应学生关切，以彻底的思想理论为学生答疑释惑，就一定能用真理的强大力量引导学生并赢得学生的认同与信赖。

思政课不但要求教师讲深讲透，还要培养学生面对纷繁社会现象看深看透的能力。这要求思政课教师不但能给学生打开一扇门、搭建一座桥，还要为学生提供一套认识世界、认识社会、认识现实的"思想工具包"，这就是马克思主义的科学世界观和方法论。这套"工具包"，是学生看世界、闯天下的导航仪，是学生面对纷繁复杂社会现象"以无厚入有间"的解剖刀，也是学生健康成长成才、成就出彩人生的护身符。只有拥有了这个"工具包"，才能帮助学生学会从天下大事中认识天下大势，从天下大势中坚定理想信念。

（三）坚持理论性和实践性相统一，培养学生公共参与

善用大思政课，打开思政课的大视野。思政课教育教学，必须坚持理论为本，努力培养和提升青年学生理论思维的能力与修养，同时要重视实践性，在课程中加入实践型教学环节、案例型教学方法，把思政小课堂同社会大课堂结合起来。大思政课的核心任务，就是要为学生打开一扇门，搭建一座桥，让学生走出孤芳自赏、自我封闭的小天地，走向一个广阔的大天

地、新世界。这个大天地里,有祖国、有人民;有历史、有未来;有中国、有世界,有责任、有奋斗。打开这扇门,学生才能发现天地高远,世界辽阔,人生厚重,奋斗值得。如何把"桥"的两端连接起来,帮助学生搭建起这样一座深刻理解并自觉肩负使命和责任的思想之桥?其要旨在于帮助学生认识时代、认识社会。唯有认识时代和社会,认识个体与时代和社会的命运关联,才能使每一个个体深刻认识自己的时代使命,自觉担当起自己的社会责任。抢险救灾的最前线、疫情防控的第一线、脱贫攻坚的战场上、科技攻关的岗位上、奥运竞技的赛场上、保卫祖国的哨位上,处处皆是思政课的新天地、新素材。思政课必须走出教室和校园,带领学生走进社会和实践,把丰富的实践、鲜活的人物、生动的故事引进课堂,把家事、国事、天下事引入课堂,把风声、雨声、民心声传入课堂,在视野开阔的大思政课堂中培养学生事事关心、声声入耳的家国情怀、使命担当。

(四)坚持价值性和知识性相统一,落实立德树人任务

没有知识支撑的价值和道德是空洞的,没有价值和道德滋养的知识是盲目的,甚至是危险的。价值性方面的内容是德育的基本要求,知识性方面的内容是智育的重要内容。思政课作为学校教育的构成部分,承担着普及和传递科学文化知识,促进学生知识技能获得与智力、能力发展的功能。同时,思政课本身还有道德涵养、价值培育的应有之义,承担着传播主流意识形态,引导学生树立正确的世界观、人生观、价值观的职能。思政课只有坚持德育和智育相结合、价值性和知识性相统一,既有先进价值观的培育,又有科学文化知识的传递,寓价值观于知识传授之中,才能真正落实立德树人的根本任务。

首先,我们要立足课堂教学,大力加强爱国主义教育和社会主义核心价值观教育。

思想政治理论课是中学进行马克思主义理论教育和思想政治教育的主渠道和主阵地,在帮助中学生树立正确的世界观、人生观和价值观及正能量的培育方面扮演着不可或缺的重要角色。中学思想政治理论课教学内容极其丰富,其中爱国主义教育和社会主义核心价值观教育是中学思想政治理论课教学内容的重中之重。大力加强爱国主义教育和社会主义核心价值观教育,引导中学生自觉追求和实践其中所蕴含的价值理想,能够不断增强中学生的道路自信、文化自信、理论自信和制度自信,激发中学生的正能量。

思政课作为中学进行爱国主义教育和社会主义核心价值观教育的核心课程,中学思政课教师一定要立足课堂讲坛的主阵地,把爱国主义教育与培育和践行社会主义核心价值观融入思想政治理论课教学的全过程,用爱国主义教育和社会主义核心价值观教育的正确思想占领舆论制高点,使中学生们真正领会它们的精神实质,使其成为中学校园的最强音。只有这样,才能杜绝社会思想观念多元化背景下出现的错误言论在中学传播和蔓延。因此,在中学思想政治理论课教学中要大力加强爱国主义教育和社会主义核心价值观教育,让中学思想政治理论课成为正能量的重要释放源。

其次,思想政治理论课教师要积极创新教学方法,讲好中国故事,使中学生形成价值认同。

如何让当代中学生发自内心地接受和在思想上认同爱国主义教育和社会主义核心价值观教育,使之内化于心,外化于行,这就需要思想政治理论课教师积极探究和开展形式多样的以学生为中心的教学改革。中学思想政治理论课教学一定要从学生的思想实际出发,寻找准确的教学切入点,通过创新教学方法,讲好中国故事,把爱国主义教育和社会主义核心价值观内化成中学生的坚定政治信仰、正确的价值取向和行为准则。只有这样,才能真正激活中学生内在的正能量。

第一,作为思想政治理论课教师,要准确把握中学生的思想动态,针对中学生的思想实际开展有针对性的教学。随着改革开放的深入推进和国际国内环境的复杂多变,新兴媒体对中学生思想的影响越来越大,当代中学生在积极应对各种严峻挑战的同时,困惑也越来越多。这种情况下就要充分发挥思想政治理论课的主渠道作用,在深入把握中学生的思想特点和行为特征,了解中学生在思想认识方面存在的困惑的基础上,有针对性地改进思想政治理论课教学。要求教师既要讲清理论,也要在教学内容的设计上更贴近中学生的思想实际和关注热点,构建重点难点突出又能紧贴实际的教学体系,为中学生的健康成长进行思想导航。

第二,要积极开展研究型教学,带动中学生将课堂学习与自主性探索结合起来,强化问题意识,给予中学生自主探索和学习研究的空间,引导中学生通过自主学习的方式拓展和巩固课堂教学的成果。在探索研究过程中,思想政治理论课教师不应回避中学生感兴趣的社会热点话题和认识困惑,要在教学中积极主动地正面回应西方价值观和资本主义社会各种思潮对马克思主义的挑战,在师生的讨论交流与互动中帮助中学生澄清模糊认识,在讨论中增进价值认同,增强理论自信,帮助中学生成长为马克思主义的坚定拥护者和主动传播者。

第三,思想政治理论课教师还可以通过开展丰富的实践教学活动等形式来讲好中国故事,激发中学生的正能量,使中学生形成正确的价值认同。可以通过视频教学,如观看毛泽东等历史伟人的影像资料带领学生重温中国革命的发展历程和光辉岁月;通过参观社会主义新农村等使中学生亲身体验改革开放取得的伟大成就;通过参与围绕国际国内时政热点问题的主题演讲使中学生切实感受到中国国际地位的日益提高和综合国力的增强,提升中学生的自豪感和自信心,使中学生自觉成为正能量的感受者、传递者和践行者。

最后,思想政治理论课教师要与时俱进,积极搭建新型的信息交流平台,坚持课堂教学与日常教育相结合,源源不断地为中学生传递正能量。

在互联网络迅猛发展的今天,作为中学生思想政治教育主要传播者的思想政治理论课教师,要结合中学生"无人不网、无处不网"的生活状态和学习特点,充分运用方便、快捷的新媒体传播平台积极为中学生解答各种思想政治理论困惑,坚持课堂教学与日常教育相结合,源源不断地为中学生传递正能量。

微信平台作为一种新兴的信息交流平台,受到中学生的广泛青睐。因此,中学思想政治理论课教学可以充分利用网络资源,积极建设"微信读书平台",将教学重点和难点、主题教育、社会重大事件等内容有机结合起来。同时,还可以通过微信平台在中学生中开展读书沙龙和"中学生眼中的热点话题"等讨论活动,通过定时推送正能量文章引导学生参与阅读和讨论等。这样既可以巩固中学生课堂学习的理论知识,还可以提升他们的内涵和文化修养,激发大家关注社会热点和国家大事的主动性、积极性和创造性。

三、借鉴三观的正能价值引领学生

《普通高中思想政治新课程标准(2017 年版 2020 年修订)》明确指出:思想政治课以马克思列宁主义、毛泽东思想、邓小平理论、"三个代表"重要思想、科学发展观和习近平新时代中国特色社会主义思想为指导,以社会主义物质文明、政治文明、精神文明建设常识为基本内容;引导学生紧密结合与自己息息相关的经济、政治、文化生活,经历学习和社会实践的过程,领悟马克思主义的基本观点和方法,弘扬民族精神,扩展国际视野,树立建设中国特色社会主义的共同理想;初步形成正确的世界观、人生观和价值观,切实提高参与现代社会生活的能力,为他们的终身发展,奠定思想政治素质的基础。由此可见,引导学生树立正确的世界观、人生观和价值观是思想政治课的重要使命。但随着改革开放和社会主义市场经济的推进,我国社会进入复杂多变的转型期,不同社会群体在利益分配、价值趋向、生活方式、社会心理等方面日益呈现出多元化趋向。受国内外各种不利因素的影响,一些社会成员在拜金主义、享乐主义、极端个人主义等不良思想支配下,滋生出唯利是图、权钱交易、损人利己、欺诈勒索等不良现象,严重影响了社会风气。青少年是国家的未来和希望,其健康成长关乎着国家、民族的兴旺发达。如果国家民族意识淡薄、社会责任感不强,没有远大理想,在功利性心理的支配下,自私自利、明哲保身、缺乏担当、得过且过甚至产生信仰危机等,这不仅影响青少年自身健康成长,而且对国家、民族、社会的发展和进步也是极为不利的。鉴于此,加强对青少年的思想政治教育,使其树立正确的世界观、人生观和价值观,思想政治课教师责无旁贷。

科学精神可以激发学生的求知欲望,浓厚的学习兴趣可激起强大的学习动力,使学生产生自强不息、奋发向上的正能量。这是中学思想政治课教学的重要落脚点。学校要求思想政治课根据中学生的身心特点,结合思政教材,点燃学生探索心理,激发求知欲,开启想象之门,在充满活力的课堂中,迸发出创造性的火花。让中学生在有序的讨论中树立自信,拓宽视野,培养勇于探索、勇于创新的精神。尤其要在弘扬真理、传授科学上下功夫,提升思想政治课的知识含量、信息含量,教会学生远离伪科学、邪教,对宗教色彩的团体组织保持警惕。同时发挥课程自身优势,做好信息技术与思想政治课的深度融合,让微博、微信、智慧教学技术融入课堂,让学生在感受科技魅力和信息神奇中孕育正能量。

积极传导主流意识形态。哲学上讲,内容是事物存在的基础,形式是事物内容的表现方式,内容决定形式。形式是服务于内容的,必须坚持内容为王。离开内容谈教学改革,或者过分追求外在形式而忽略内容,都会影响思政课教育教学质量。思政课改革要注重内容内涵式建设,坚持"价值性和知识性相统一"、"建设性和批判性相统一"。

坚持建设性和批判性相统一。建设是目的,适度的理性批判与反思是为了更好地建设。思政课教育教学内容要传导主流意识形态,弘扬主旋律,传播正能量,引导青年学生埋下真善美的种子,讲好中国故事,坚定学生对中国特色社会主义的"四个自信"，增强对美好生活的憧憬与期待。同时，思政课教育教学要直面各种错误观点和思潮，培养学生理性反思与适度批判精神，引导学生提升反思曾经的曲折与失误的意识和能力。

（一）增强学科自信，提高自身政治素质

苏霍姆林斯基曾指出："如果说话者说这些话并不代表他个人的信念，而是一种职务上的需要，在这种情况下，话说得越漂亮，话里虚假的激励越多，就会激起少年更为深刻的内心反抗，对其心灵的压抑就越大。"因此，思想政治教师首先必须增强学科自信。中共十一届六中全会通过的《关于建国以来党的若干历史问题的决议》指出："思想政治工作是经济工作和其他一切工作的生命线。"思想政治课作为一门中国特色的学科，它产生于中国共产党长期革命和建设的实践需要，立足于中国的具体国情与实际，继承了中国悠久的历史文化资源，以自己的独特立场和方式言说着"中国故事"。思想政治学科不仅传授知识与技能，而且弘扬正确的价值观，解决"为谁培养人"的方向性问题，即为社会主义现代化建设培养接班人。其次要提高自身素质。政治教师要潜心研读马克思主义理论经典著作，掌握科学理论之精髓，厘清来龙去脉，不仅知其然，还要知其所以然，自觉站在知识发展的前沿，将马克思主义理论与中国特色社会主义实践与中国共产党特定的大政方针有机结合起来，做到与时俱进，用"中国化的马克思主义"武装自己，才能深刻理解与自觉认同中国特色社会主义理论、中国特色社会主义制度、中国特色社会主义道路。唯有如此，政治教师才能坚信"没有共产党就没有新中国"，始终怀揣对中国共产党的挚爱和崇敬；才能坚信中国特色社会主义理论并成为积极的实践者；才能坚信中国特色社会主义制度的优越性并成为其忠实的捍卫者；才能坚信"只有社会主义才能救中国，只有社会主义才能发展中国"，矢志不渝地走中国特色社会主义道路；才能坚信社会主义核心价值观的凝魂聚气之意义，并成为自觉践行者；才能自觉树立正确的世界观、人生观、价值观，并引领学生健康成长。这些也是一名名副其实的政治教师应具备的基本政治素养。

（二）优化课堂教学，正视学生思想困惑

课堂教学有特定的育人环境、有效的价值导向、特殊的师生关系以及生生关系，因此，思政教学是对学生进行"三观"教育的主阵地。通过课堂教学使学生思想在交流交锋中去伪存真、明辨是非；通过教师引导、学生参与、教材渗透让学生树立正确的世界观、人生观和价值观。如在教学"政治与法治""中国共产党领导和执政地位的确立"一框内容时，教师没有急于单纯地传授教材知识，而是先让学生分组讨论，结合中国近现代史，用史实说明中国共产党的领导和执政地位不是自封的，而是中国社会历史发展的必然结果，是中国人民的正确选择，然后每小组推荐一名组员呈现讨论结果，教师对每组观点进行点评。最后教师把中国近代探索救国图强的历史进程制成视频，再配上背景音乐《没有共产党就没有新中国》，播放给学生看。随着音乐和视频的播放，学生情不自禁随着音乐一起唱。这样学生自然得出书本结论，对书本观点接受起来就更容易、更信服，教育效果显而易见。

（三）联系社会实践，坚持知行合一理念

实践是检验真理的唯一标准。在多元价值观激烈碰撞的今天，空洞的说教与强制灌输结果往往事与愿违。而学生通过实践可以把自己内心深处的价值观放在活生生的现实中去检验、去体会。为此，高中政治教学要以社会实践为载体，积极开展多种形式的社会实践活动，如清明节参加祭扫烈士墓活动、参加五四纪念活动、十八岁成人礼、社会调查、青年志愿者活动、社团活动等。在现实面前，学生可能会更容易区分是非善恶、真假美丑，对塑造正确的价值观起到积极作用。如在教学"哲学与文化""建设社会主义精神文明"一框内容时，福州正在创建全国文明城区，教师课前要求学生分成小组调研，福州有哪些不文明现象？正在开展哪些精神文明创建活动？这样的开放性问题拓展了学生的学习视野，并且通过调研，学生明确闯红灯、随手丢垃圾、随地吐痰、不按秩序排队、不文明驾驶等不文明现象是居民最厌恶的现象。学生自然知道在自己的日常生活中应该怎么做。学生通过调研也知道福州开展的精神文明创建活动：关爱空巢老人、组建区志愿者服务队、成立留守儿童之家、结对扶贫等。这就把实践资源整合后融入课堂教学，将抽象的书本知识与社会实践相结合，取得了良好的教学效果。学生在教师精心设计的活动中获得实践体验，让正确的价值观在体验中内化。

"随风潜入夜，润物细无声"表明外在因素通过潜移默化的方式使教育对象在不知不觉中发生了变化。就小环境而言，学校是思想政治教育的重要场所，政治课是思想政治教育的主阵地。就大环境而言，整个社会通过营造舆论导向、宣传主流价值观而形成的社会大环境，必将影响学校的小

环境。让学生树立正确的世界观、人生观和价值观，践行社会主义核心价值观是一项系统工程，需要发挥政治教师的责任和担当，也需要社会、学校、家庭的合力作用，更需要教育对象的自觉配合与参与。

（四）满足内在的正能需要驱动学生

有这样一个故事：两只青蛙掉到一个坑里，因为坑很深，上面的青蛙们就对它们喊："别跳了，坑太深了。"一只青蛙果然没跳，趴在坑底，太阳出来时被晒死了。另一只青蛙却一直跳个不停。外面的青蛙越喊，它跳得越欢，最后一跃出了坑。

青蛙们问它为什么能跳出来？这只青蛙回答："我误会了。因为我的耳朵有点听不清，以为你们在给我加油呢！"

实际上，最能给孩子前进动力的是"形成一个激励机制"。我们有个别学生为什么学习提不起精神，就是因为失去了学习的动力。每个人总会有失败，关键是如何从失败中迅速爬起来，这就需要老师、家长提供外部的正向刺激和激励。

我们要激发学生正能需要，就要让思政课的亲和力植根于学生的需求中，满足学生成长的需求和期待。具体来说，我们认为可以分为三点：

一要植根于学生自我实现、自我激励的需求。学生就业压力大，这是非常现实的，也是思政课教育面对的一个很突出的困境，这种困境可以通过课堂心理教育训练，或者邀请社会名人讲课来加以解决。

二要植根于学生的自我成长、自我提升的需求。我们期待思政课能担负起人文教育的职责，让学生在自身人文素养提升和思政课学习之间架起桥梁，实现学生成长的需求。

三要植根于学生的自我判断、自我实践的需求。让思政课帮助学生建立正确的价值观，把握现实社会的实践要求，满足精神成长需求。可以带着学生深入学校周边的社区和工业园区，让他们了解社会现实，丰富人生体验。

思政课教学要切实结合社会上的热点、焦点问题，帮助中学生明辨是非、美丑、荣辱，从而为他们的成长导航，使他们又好又快地行走在人生的光明大道上。思政课可以结合央视年度《感动中国》节目，打造以"节目回放、精神回归"为形式的思政课，寻找出一种强大的正能量作为中学思政课堂教学的支撑和坚守，让学生从中话感想、谈收获，积蓄人生事业的正能量。同时我们要引导高中生正确认识社会转型期和社会化媒体时代的新特点，调整心态，做到不随波逐流，树立社会主义核心价值观。

附：高中思想政治课四个模块教学及学业要求①

模块 1：中国特色社会主义

着眼于人类社会的发展历程，立足于中国特色社会主义的伟大实战，明确中国特色社会主义是科学社会主义理论逻辑与中国社会发展历史逻辑的辩证统一，中国特色社会主义已进入新时代，帮助学生树立为共产主义远大理想和中国特色社会主义共同理想而奋斗的信念。

1.人类社会发展的进程与趋势

1.1 描述不同社会形态的本质特征；解释人类社会发展的一般过程，阐明社会发展的历史进程取决于社会基本矛盾的运动。

1.2 分析资本主义社会的历史地位，概述社会主义从空想到科学、从理论到现实的历史轨迹，阐明人类社会发展的趋势。

以"怎样揭示人类社会发展的奥秘"为议题，探究社会发展的基本规律和主要阶段。可绘制展板，标识各种社会形态，比较它们的差异。可采用图说等方式，阐释生产力与生产关系、经济基础与上层建筑相互作用的原理，揭示生产力与生产关系的矛盾运动是社会发展的根本动力。可列举实例，反映不同社会形态的更替，证实生产关系是否适合生产力发展是衡量社会进步的标准。

以"怎样看待资本主义社会的兴衰"为议题，探究资本主义社会基本矛盾的表现。可回顾资本主义生产关系的形成与发展，提示社会化大生产与生产资料资本主义私有制之间的矛盾。可评析当代资本主义的发展困境，明确社会主义终将代替资本主义的历史趋势。

以"科学社会主义为什么科学"为议题，探究科学社会主义的基本原则。可讲述空想社会主义代表人物的故事，理解空想社会主义的局限与产生的历史条件。可讲述马克思、恩格斯从事科学研究和革命活动的故事，解释科学社会主义诞生的时代背景，明确唯物史观和剩余价值学说是科学社会主义的理论基石。可朗读《共产党宣言》的名言名句，分享对科学社会主义理论的感悟，表达对共产主义社会的憧憬。可查阅十月革命的相关资料，讨论科学社会主义从理论到实践的发展。

以"不同国家、地区的历史各具特色是否有悖社会发展的一般过程"为

---

① 中华人民共和国教育部.普通高中思想政治课程标准［C］.北京：人民出版社，2020.

议题,探究历史进程的统一性和多样性。可列举不同发展道路的表现,如社会制度的形式、社会变革的方式、发展程度的差距、发展阶段的跨越等,分析地理环境、文化传统、外部影响等因素对发展道路选择的影响。可列举事实,表明人类社会发展的一般过程是由各国、各地区、各民族历史的多样性反映出来的。

    2.中国特色社会主义的开创与发展

表3-4 "中国特色社会主义的开创与发展"教学内容与提示

内容要求	教学提示
2.1阐述新民主主义革命的性质和特点,理解新中国确立社会主义制度的历史必然性。	以"社会主义为什么是近代中国历史发展的必然"为议题,探究只有社会主义才能救中国的道理。可列举基本事实,反映近代中国探索复兴之路的悲怆历程,分析多种尝试终归失败的原因,证实只有经过新民主主义革命建立人民政权,才能确立社会主义制度,实现中国历史上最为广泛而深刻的社会变革,为当代中国一切发展进步奠定根本政治前提和制度基础。可基于我国社会主义政治制度、经济制度的特色,讨论社会主义初级阶段的基本国情。
2.2阐明开创中国特色社会主义是党和人民长期奋斗、创造、积累的根本成就。	以"中国为什么能"为议题,探究只有中国特色社会主义才能发展中国的道理。可讲述党的十一届三中全会实现历史性转折的意义,理解中国特色社会主义是党和人民在革命、建设时期付出各种代价,经过接力探索,在改革开放新时期开创的,开创中国特色社会主义从根本上改变了中国人民和中华民族的前途命运,不可逆转地开启了中华民族走向伟大复兴的征程。可讨论改革开放以来中国发生的巨变和社会主要矛盾的变化,评述中国特色社会主义进入新时代,意味着近代以来久经磨难的中华民族迎来了从站起来、富起来到强起来的伟大飞跃,意味着科学社会主义在21世纪的中国焕发出强大生机活力;评述中国特色社会主义道路、理论、制度、文化不断发展,拓展了发展中国家走向现代化的途径,给世界上那些既希望加快发展又希望保持自身独立性的国家和民族提供了全新选择,为解决人类问题贡献了中国智慧和中国方案。

续表

内容要求	教学提示
	以"为什么要一脉相承、与时俱进"为议题,探究如何站在新的历史起点上,夺取新时代中国特色社会主义伟大胜利,实现中华民族伟大复兴的中国梦。可结合马克思主义与中国实际和时代特征相结合的历史经验,说明习近平新时代中国特色社会主义思想,是对马克思列宁主义、毛泽东思想、邓小平理论、"三个代表"重要思想、科学发展观的继承和发展,是马克思主义中国化最新成果,是中国特色社会主义理论体系的重要组成部分,是全党全国人民为实现中华民族伟大复兴而奋斗的行动指南,必须长期坚持并不断发展。可展望新时代建设社会主义现代化国家的奋斗目标,讨论决胜全面建成小康社会、全面建设社会主义现代化国家新征程分两步走的机遇与挑战,坚定坚持和发展中国特色社会主义的信心。

【学业要求】

通过本模块的学习,学生能够结合社会实践活动,了解人类社会发展的一般过程和基本规律;确信社会主义终将代替资本主义是不可抗拒的历史趋势;懂得中国特色社会主义是科学社会主义的成功实践,是中国近代历史发展的必然选择;理解坚持和发展中国特色社会主义,是实现中华民族伟大复兴中国梦的必由之路;展现中国特色社会主义道路自信、理论自信、制度自信、文化自信;坚定中国特色社会主义共同理想,树立共产主义远大理想。

模块2:经济与社会

依据习近平新时代中国特色社会主义经济思想的基本原理,讲述我国社会主义基本经济制度,解析社会主义市场经济的基本特征,阐释指导我国经济社会发展的新理念,帮助学生理解全面深化改革的意义,提升在新时代参与社会主义现代化建设的能力。

表3-5 "经济与社会"教学内容与提示

内容要求	教学提示
1.经济制度与经济体制	以"为什么要坚持'两个毫不动摇'"为议题,探究我国社会主义基本经济制度的优越性。可调研某项公共工程,印证坚持公有制主体地位、发挥国有经济主导作用的必要性和重要性。可通过查阅资料、专家讲座,了解混合所有制经济是如何实现公有制经济与非公有制经济相互促进、共同发展的;或就如何完善混合所有制经济改革进行调研,提出对策建议。可通过问卷调查或访谈,了解发展非公有制经济对经济发展和提高人民生活水平的意义。
1.1 了解各种所有制经济的地位与作用,阐释公有制经济与非公有制经济相互促进、共同发展,明确坚持毫不动摇巩固和发展公有制经济,毫不动摇鼓励、支持、引导非公有制经济发展。	以"为什么'两只手'优于'一只手'"为议题,探究在资源配置中市场起决定性作用和更好发挥政府作用的道理,明确社会主义市场经济体制的特点。可结合企业经营活动的特点,或调研某商品的生产和销售,引用典型案例,说明市场在资源配置中如何发挥决定性作用。可调研某市场,分析市场调节的局限性,就如何更好地发挥政府作用提出建议。
1.2 评析市场机制的优点与局限性,辨析经济运行中政府与市场的关系,解析宏观调控的目标与手段。	以"怎样保持经济平稳运行"为议题,探究正确运用宏观调控手段,实现宏观调控目标。可搜集有关资料,了解国内生产总值的构成,讨论国内生产总值作为宏观经济统计指标存在的价值与不足,并利用国内生产总值的数据,解析宏观调控的意义。可邀请专家或银行、财政部门的管理者举办一场关于宏观经济调控的讲座;或搜集实例,探究如何随着宏观经济形势的变化合理运用调控手段。

【学业要求】

通过本模块的学习,学生能够结合社会实践活动,初步运用中国特色社会主义政治经济学的基本观点,观察和分析经济社会现象;了解社会主义基本经济制度的优越性;理解坚持社会主义市场经济和深化经济体制改革的意义;明确社会主义基本经济制度是社会主义市场经济的根基;树立以人民为中心的发展思想;尝试对促进社会公正、实现共同富裕、营造良好社会风尚、完善社会保障的政策提出建议。

模块 3：政治与法治

以党的领导、人民当家作主、依法治国有机统一为主线,讲述党的领导是人民当家作主和依法治国的根本保证,人民当家作主是社会主义民主政治的本质特征,依法治国是党领导人民治理国家的基本方略,奠定学生政治立场与法治思维的基础。

表 3-6 "政治与法治"教学内容与提示

内容要求	教学提示
1.中国共产党的领导	
1.1 引述宪法序言,说明没有中国共产党就没有新中国,阐明中国共产党成为执政党的必然性。	以"为什么中国共产党执政是历史和人民的选择"为议题,探究中国共产党带领中国人民革命、建设和改革的奋斗历程。可开展红色研学之旅活动,如参观烈士陵园、革命遗址、革命历史展览馆等相关教育实践基地,理解中国共产党是中国工人阶级的先锋队,同时是中国人民和中华民族的先锋队。可开展"不忘初心,牢记使命"主题访谈,请老党员做专题宣讲,请老战士、老模范口述历史,从中汲取一代又一代中国共产党人为共产主义理想而奋斗的精神力量。可直面各种质疑、非议或诋毁,澄清基本事实,阐明党的宗旨,论证中国共产党是中国革命、建设和改革的领导核心。
1.2 引述党章规定,明确党的性质、宗旨和指导思想。	以"怎样高扬永不褪色的旗帜"为议题,探究中国共产党永远保持先进性、纯洁性的重要意义。可查阅党史相关文献,讨论中国共产党在革命、建设、改革时期的使命,就保持本色、坚持特色、与时俱进的要求,分享各自的心得。可查阅雷锋等时代楷模的相关资料,体会他们的精神境界。可发掘本地资源,采取多种访谈方式,引用身边党员的先进事迹,讨论保持党的先进性和纯洁性所面临的新问题新挑战。可搜集有关反腐倡廉的材料,结合新时代的伟大斗争、伟大工程、伟大事业、伟大梦想,揭示全面从严治党的意义。
1.3 理解坚持党对一切工作的领导的意义,阐述中国共产党依宪执政、依法执政的道理、方式和表现。	以"如何理解依法执政"为议题,探究领导人民制定法律、在宪法和法律范围内活动的方式。可评析有关事例,说明"党政军民学,东西南北中,党是领导一切的"。可走访所在地区的政府机关、企事业单位的党组织,了解党依法执政的表现。可就坚持和改善党的领导的有关举措,分享各自的心得。

续表

内容要求	教学提示
2.人民当家作主	
2.1 列举宪法有关人民主体地位的规定，说明我国是人民民主专政的社会主义国家，人民代表大会制度是我国的根本政治制度。	以"怎样看人大代表的作用"为议题，探究人民代表大会与"一府两院"的职权及其关系，感悟人民民主的真实性和广泛性。可走访本地人大代表，了解其履行职责的经验，分析人大代表的产生过程、活动方式和主要职责。可针对热点问题，模拟人大代表撰写议案；或举办"假如我是人大代表"的演讲会。
2.2 阐明中国共产党领导的多党合作和政治协商制度是具有中国特色的基本政治制度。	以"协商民主有什么优势"为议题，探究我国政党制度的特色以及协商民主的意义和价值。可走访本地政协委员，了解他们对本地社会热点问题的看法、对有争议公共问题的立场以及应对措施，并加以评析，理解"有事好商量，众人的事情由众人商量，是人民民主的真谛"。可参加有关方面组织的对话协商活动，对有关公共政策的制定，或有关争议问题的解决发表见解，如废旧电池回收利用、垃圾分类处理、食品安全、道路安全、环境治理问题等。
2.3 阐述民族区域自治制度是符合我国国情的基本政治制度，铸牢中华民族共同体意识；解释公民享有宗教信仰自由的含义。	以"我国各族人民怎样和睦相处"为议题，探究我国处理民族关系基本原则的意义，认同我国是统一的多民族国家。可参观民族区域自治地方的建设成就展览；或搜集有关材料，制作反映民族平等、民族团结和各民族共同繁荣的展板。可阅读民族文学作品，组织观赏民族歌舞，领略各民族文化的魅力。可查阅相关资料，了解各民族杰出人物的故事。
2.4 领悟基层群众自治制度是我国人民依法直接行使民主权利的基本政治制度。	以"我们怎样当家作主"为议题，探究人民直接行使民主权利的内容和方式。可搜集校规校纪、村规民约，讨论其与国家法律的关系。可从各种媒体的报道中，从对所在社区的考察中，搜集人民依法直接参加民主选举、民主协商、民主决策、民主管理、民主监督的积极表现，讨论有序参与的意义、无序参与的后果。
3.依法治国	
3.1 简述我国法治建设的成就；明确全面推进依法治国的总目标是建设中国特色社会主义法治体系，建设社会主义法治国家。	以"公民参与立法有什么意义、有哪些途径"为议题，探究推进科学立法、民主立法、依法立法，以良法促进发展、保障善治的意义，理解公民依法行使民主权利的制度。可观看有关人大会议的录像，或旁听地方立法听证会，以"我的立法建议"为题组织讨论。可参与社区有关规则的制定，解析公民有序参与立法的方式和途径。

续表

内容要求	教学提示
3.2 搜集材料,阐述科学立法、严格执法、公正司法、全民守法的基本要求。	以"如何增强政府的公信力和执行力"为议题,探究建设职能科学、权责法定、执法严明、公开公正、廉洁高效、守法诚信的法治政府的意义。可参观行政服务机构,了解政府部门的办事程序,考察政府履行职能的表现。可参加价格听证会等活动,感受政府决策的过程。可识别政府执法活动,模拟政府执法活动,评估严格执法的效果。可以"假如我是执法者"或"我为政府决策提建议"为话题,举行主题活动。
3.3 列举事例,阐明建设法治国家、法治政府、法治社会的意义。	以"为什么说司法公正是社会公正的最后防线"为议题,探究司法公正的意义和价值,以及体现公正司法的制度和措施。可组织考察活动,归纳解决社会争议的多种途径。可参观调解中心、仲裁委员会、人民法院或人民检察院,认识其功能和作用。可通过具体案件的审理,感受公平正义。 以"法治如何让生活更美好"为议题,探究法治与生活、法治与道德的关系,认识建设法治社会的重要意义。可搜集相关资料,归纳公民的知情权、参与权、表达权、监督权的法治保障,展望人们在法治国家享受经济生活、政治生活、文化生活、社会生活和优美环境的美好前景。可调研当前人们关注社会问题的实例并发表见解,如环保问题。可开展普法志愿服务活动,例如,制作民法总则普法展板,给家人、同学或朋友讲法治课;或组织以"法治在身边"为主题的演讲会。

【学业要求】

通过本模块的学习,学生能够结合社会实践活动,了解中国共产党的性质、宗旨和指导思想,明确党的执政地位是历史和人民的选择;阐释中国特色社会主义政治制度的基本内容、鲜明特点和主要优势;了解全面推进依法治国的总目标,知道科学立法、严格执法、公正司法、全民守法的基本要求;懂得走中国特色社会主义政治发展道路,必须坚持党的领导、人民当家作主、依法治国有机统一,理解推进国家治理体系和治理能力现代化的重要性;具备有序参与国家政治生活和社会公共生活的能力。

模块 4:哲学与文化

阐明马克思主义哲学是科学的世界观和方法论,讲述辩证唯物主义和历史唯物主义基本观点,坚持实践的观点、历史的观点、辩证的观点、发展的观点,在实践中认识真理、检验真理、发展真理;讲述社会生活及个人成长中价值判断、行为选择和文化自信的意义；为培育学生思想政治学科核心素养，奠定世界观、人生观、价值观基础。

表 3-7 "哲学与文化"教学内容与提示

内容要求	教学提示
1.探索世界与追求真理	
1.1 比较哲学思维与日常思维的异同；理解哲学是时代精神的精华,阐明马克思主义哲学是科学的世界观和方法论。	以"哲学有什么用"为议题,探究哲学把握世界的独特方式。可寻找生活和学习中充满智慧、蕴含哲理的故事,感悟哲学的基本问题与生活息息相关。可分享各自搜集的资料,归纳哲学思维和日常思维的特点,领会哲学思维的重要意义。
1.2 了解人的实践活动的特性和作用,理解社会生活的实践本质；阐明实践是认识的基础,是检验真理的唯一标准；阐述认识运动的辩证发展过程。	以"人的正确思想是从哪里来的"为议题,探究"实践—认识—再实践—再认识……"的过程。可结合生活中的具体事例,讨论如何在实践中获得和深化认识、追求真理。可着眼于正确结论的形成,讨论"第一手材料"与"第二手材料"的不同作用。
1.3 说明思维和存在的关系问题,阐释世界的统一性在于它的物质性；表达无神论立场；表明坚持一切从实际出发、实事求是的态度。	以"为什么要具体问题具体分析"为议题,探究实事求是的观点。可创设辨析性情境,剖析孤立地、静止地、片面地看问题的错误；分享从实际出发,运用"两点论""重点论"等认识和解决具体问题的成功经验。
1.4 描述世界是普遍联系、永恒运动的,领会全面地、发展地看问题的意义,学会运用矛盾分析法观察和处理问题。	以"为什么要一切以时间、地点和条件为转移"为议题,探究解放思想、与时俱进的意义。可结合走进新时代的中国所发生的历史性变革,理解我国社会主要矛盾已经转化为人民日益增长的美好生活需要和不平衡不充分的发展之间的矛盾,讨论这一关系全局的历史性变化,对当前的工作提出了什么新要求。可搜集以批判性思维获得创新成果的实例,说明破除迷信的意义和独立思考的价值。

续表

内容要求	教学提示
2.认识社会与价值选择	
2.1 领悟社会存在决定社会意识,理解价值观的形成与时代和环境密切相关;解析价值观差异与冲突产生的社会根源,能够进行合理的价值判断和行为选择。	以"人们为什么有不同的价值观"为议题,探究价值判断的依据和意义。可讨论媒体中关于事实和观点陈述的内容,调查不同人群对某项改革措施的不同看法,分析其价值取向的差异及成因。可结合不同历史时期著名人物的言论,分析影响其价值判断的时代因素。
2.2 理解价值观对人们行为的导向作用,探寻实现人生价值的条件和途径,践行社会主义核心价值观。	以"面对价值冲突如何选择"为议题,探究生活中进行价值选择的标准。可针对"价值两难"的情况,辨析价值评价中的"动机论"和"效果论"。可针对公共政策的制定或公共问题的不同解决方案,讨论应坚持什么价值取向。 以"怎样才能内化于心、外化于行"为议题,探究如何践行社会主义核心价值观。可寻找身边的榜样,感受具体的、现实的典范,为其撰写颁奖词。可组织社会主义核心价值观的专题解读,领会社会主义核心价值观既体现了社会主义本质要求,继承了中华优秀传统文化,也吸收了世界文明有益成果,是当代中国精神的集中体现,凝结着全体人民共同的价值追求。
3.文化传承与文化创新	
3.1 辩证地看待传统文化。领会对中华优秀传统文化进行创造性转化、创新性发展的重要意义,弘扬民族精神。	以"传统文化是包袱还是财富"为议题,探究对待传统文化的正确态度。可结合对非物质文化遗产的保护,讨论如何传承和弘扬中华优秀传统文化。可开展"寻找共同的文化记忆"的访谈,组织"制作家乡的文化名片"等活动。可搜集有关资料,寻找并讨论最能体现中华优秀传统文化精髓的标识。

续表

内容要求	教学提示
3.2 感悟世界文化的多样性，理解文化多样性的价值，明确文化交流互鉴的途径和意义。	以"文化的力量有多大"为议题，探究中国特色社会主义文化的影响力。可通过社会调查，感受中国特色社会主义文化源自中华民族五千多年文明历史所孕育的中华优秀传统文化，熔铸于党领导人民在革命、建设、改革中创造的革命文化和社会主义先进文化，植根于中国特色社会主义伟大实践。可评析流行文化与经典文化的价值，评估现代传媒对文化传播的影响，感受文化差异对人们的经济、政治和日常生活的影响。
3.3 辨识各种文化现象，领悟优秀文化作品的影响力和感召力；展示中国特色社会主义文化自信。	以"文化创新靠什么"为议题，探究文化创新的动力和途径。可组织系列活动，比较、评议各种文化创新的表现。可通过事例解读，说明文化创新和发展源于社会实践。可搜集材料，理解交流互鉴、推陈出新、革故鼎新是文化创新的重要途径。

【学业要求】

通过本模块的学习，学生能够结合社会实践活动，了解马克思主义哲学的基本原理；运用辩证唯物主义和历史唯物主义观点认识自然界、人类社会、人类思维，确信实践是检验真理的唯一标准；实事求是、与时俱进地观察和分析经济、政治、文化、社会、生态等现象，在生活中作出科学的价值判断和行为选择；继承中华优秀传统文化和革命文化，发展社会主义先进文化，尊重世界文化多样性，增强中国特色社会主义文化的自觉和自信；基本形成正确的世界观、人生观、价值观。

第四节　从课程主导看,教师身正育人,传递正能量

随着中国特色社会主义进入新时代,互联网＋教育的迅猛发展,新一轮基础教育课程改革的全面实施,思政课程理念、教法学法的创新势在必行,思政教师的责任和担当也被赋予了新时代多元化的内涵。在 2019 年 3 月召开的学校思想政治理论课教师座谈会上,习近平总书记提出要建设一支"政治强、情怀深、思维新、视野广、自律严、人格正的思政课教师队伍"。2022 年 4 月 25 日,习近平总书记在中国人民大学考察调研时指出:"思政课的本质是讲道理,要注重方式方法,把道理讲深、讲透、讲活,老师要用心教,学生要用心悟,达到沟通心灵、启智润心、激扬斗志。"①兴国必先强师,思政课教师是落实教育立德树人根本任务的关键,他们担当培育社会主义现代化建设时代新人的历史重任。习近平总书记在学校思想政治理论课教师座谈会讲话当中强调,办好思想政治理论课关键在教师,思想政治课教学离不开教师的主导。思想政治课的吸引力和感染力源于学科教师的人格魅力和知识素养。因此,我们认为思政教师必须人格正、理论强、情怀深、思维新,要做到课上课下一致、网上网下一致,积极传递正能量。

一、人格正,当好锤炼品格的引路人

思政课教师要用人格传递正能量,用自律弘扬主旋律,做学生为人处事的表率,明是非识大势,使学生有信仰讲政治,有理想守担当。

"文以载道,亲其师,才能信其道"。思政课教师要有堂堂正正的人格,用高尚的精神鼓舞人,以深厚的理论功底感染人,以精彩的课堂吸引人。高中生正处于"拔节孕穗期",一位老师的人格魅力实际上是融合了"政治要强、情怀要深、思维要新、视野要广、人格要正、自律要严",这些方面可以在思政课老师身上集中展现,这些方面也是对学生的感染力和震撼力的集

---

① 习近平在中国人民大学考察时强调坚持党的领导传承红色基因扎根中国大地走出一条建设中国特色世界一流大学新路[N].人民日报,2022-04-26.

中体现。

北京师范大学启功老先生的题字"身正为范，学高为师"，把"身正为范"放在"学高为师"的前面，体现人格正的重要性。老师的言行潜移默化地影响到学生的言行，影响到老师在学生心目中的"师者"形象，是学生日常生活学习的"活教材"与"一面镜子"。其会对学生产生"随风潜入夜，润物细无声"的潜移默化影响，这是任何说教、任何书本知识、任何奖惩制度都无法代替的。有这样一个故事：一个人脾气不好，问父亲怎么改。父亲说："你每发一次脾气，就在院子的栅栏上钉一颗钉子。"过了几天，这个人告诉父亲："我已经好几天没钉钉子了，这些天都没发脾气。"父亲很高兴，又告诉他："如果一天不发脾气，那么就去拔掉一颗钉子。"过了些日子，这个人又来告诉父亲："我把钉子拔完了，现在坏脾气改掉了。"父亲拉着他的手来到栅栏边说："你看，虽然钉子被拔掉了，但是钉孔都留在上面。你要记住，你伤害了别人的情感是会在别人的心上留下伤痕的。"

乌申斯基说："教师的人格就是教育工作的一切，只有健康的心理才有健康的行为。"思政课教师要在政治思想、个人修养、世界观、人生观、价值观、行为习惯等方面当好学生的引路人。思政课教师必须以马列主义、毛泽东思想和中国特色社会主义理论体系来武装自己，不断学习马克思主义中国化的最新理论成果，思想紧跟党中央和时代的发展，提高自己的政治站位。与此同时，教师提高个人修养就要认真教学，提高自己的教育教学水平。提高自己的教育教学水平，这是师德的首要基础。一个教师不是一个优秀的"教书先生"，也就不可能成为一个优秀的教师。教师的爱可以用语言播种，用粉笔耕耘。教师必须尽可能地教学生多学一点知识，让他们学得好一点，成长得顺利一点，这对学生学业的提高与知识的增长将产生不可估量的影响。明清思想家黄宗羲曾说："道之未闻，业之未精，有惑而不能解，则非师矣。"可见高超的教学技能，是教师高素质的集中体现。思政课不是纯说教课，要让学生感觉"有意思""有价值""有灵魂"三者相互统一。

"有意思"就是激发学生学习的兴趣，"兴趣是最好的老师"，要通过匠心独具的教学设计、引人入胜的教学环节、风趣幽默的教学语言、欢声笑语的课堂互动等激发学生的兴趣。

"有价值"就是要寓价值观于知识的传授过程中，课堂应该既有知识的收获，又有道德的熏陶，追求"真善美"的统一。传播知识的同时彰显知识的价值。帮助学生坚定理想信念和价值理念，传播主流意识形态，培育和践行社会主义核心价值观。

"有灵魂"就是引导增强学生的道路自信、理论自信、制度自信、文化自信。习近平总书记说"一个国家、一个民族不能没有灵魂",国家民族有灵魂必然要求作为时代新人的学生要有灵魂。"有意思"是"有价值"的基础,"有意思""有价值"是"有灵魂"的前提,"有灵魂"是"有意思""有价值"的升华。

大家都说,你要给学生一杯水,你自己必须有一桶水。教师只有坚持不懈地增长自己的才学,不断探索教育技巧的奥秘,才能使学生产生一种依赖感,才能赢得学生的敬佩,从而转化为一种很强的人格力量去鞭策和激励学生。运用马克思主义辩证唯物主义和历史唯物主义,树立科学的世界观以及正确的人生价值观,服务社会,服务人民,服务学生。

二、理论强,当好理论修养的引路人

思想政治课教师自身的理论修养要严谨科学,要从知识、国际、历史等多种角度把理论讲彻底,用真理的力量感召学生,用深厚的理论功底赢得学生,用宽广的视野吸引学生,用高远的见识引领学生。

把握理论的正确方向:要引导学生"在人生成长的道路上把握正确的思想政治方向",要站稳政治立场,善于从正确的政治方向上看问题,不断增强"四个意识""两个维护",在大是大非面前与党中央保持高度一致。

讲清楚马克思主义的科学性,让学生真学真懂真信真用马克思主义。思政课教师在教学中,要引导学生用马克思主义基本观点看待世界,坚持用辩证唯物主义和历史唯物主义观点分析各种复杂的社会现象,理性看待改革开放中出现的新情况新问题。

《普通高中思想政治课程标准》中明确思政课的核心素养之一是政治认同。强化学生的政治认同,树立学生对中华优秀传统文化及社会主义先进文化的文化自信,厚植爱国主义情怀和乡土情怀,拥护中国共产党,拥护社会主义制度,坚定"四个自信"。在日常教学中,就是要坚持和发展中国特色社会主义,坚持和践行社会主义核心价值观。学生能够确信中国特色社会主义是国家富强、民族振兴、人民幸福的根本保障;展现中国特色社会主义道路自信、理论自信、制度自信和文化自信;理解中国共产党的领导是中国特色社会主义最本质特征;明确社会主义核心价值观是建设什么样的国家、什么样的社会,培育什么样的公民的价值标准。

（一）理论的系统性

理论是系统化的知识，是前后相衔接的一个统一整体，科学理论是对事物的正确认识，对我们认识世界、改造世界具有促进作用。理论讲解不能只言片语，零零散散，东一榔头西一棒槌。如"中国共产党的执政理论"包含中国共产党的领导、人民当家作主、全面依法治国三者的理论体系，三者相统一。

第一，人民当家作主是中国特色社会主义政治发展的政治保证。中国共产党是我国社会主义事业的领导核心，是我国的执政党。本部分内容的完整理论逻辑是：中国共产党在不同的政治力量中脱颖而出—中国共产党领导中国特色社会主义迈入新时代。由此得出结论：中国共产党的领导是历史和人民的选择—中国共产党代表人民根本利益、走在时代前列—中国共产党加强自身建设与时俱进保持先进性—必须加强中国共产党的领导和执政地位。这是完整的理论体系。

第二，人民当家作主是中国特色社会主义政治发展的必由之路。完整理论逻辑是：从国体到政体的逻辑，人民当家作主是我国国体人民民主专政的本质—人民当家作主是我国政体人民代表大会制度的制度安排—人民当家作主是我国基本政治制度中国共产党领导的多党合作制和政治协商制度、民族区域自治制度、基层群众自治制度的制度安排。

第三，全面依法治国是中国特色社会主义政治发展的基本方略。完整的理论逻辑是：全面依法治国—我国法治建设的历程—全面依法治国总目标和原则—法治中国（法治国家、法治政府、法治社会）一体化建设—全面依法治国的基本要求。党的领导、人民当家作主、依法治国的有机统一，是社会主义民主政治的伟大实践。

（二）理论的时代性

有些理论较抽象，距离学生实际较远，通过直观的影视视频资料可以帮助学生更好地理解理论。当前我国已进入新时代，社会主要矛盾是人民对美好生活的需要和不平衡不充分发展之间的矛盾，所以我们要贯彻新发展理念，建立现代经济体系，促进经济高质量发展。引导学生树立正确的国家观、民族观。如有老师在讲授"贯彻新发展理念　建设现代经济体系"时，组织学生观看纪录片《辉煌中国》，纪录片以翔实丰富的资料与先进震撼的视听感受，展现了我国经济生活发展的伟大成就，展现了中华民族的历史跨越式成就,展示了中国特色社会主义理论体系对经济社会发展的指导作用,帮助学生深入浅出地理解课本的基本理论,增强对习近平新时代中国特色社会主义思想的认同,增强民族发展的自信心和自豪感。

(三)理论的实践性

思政课老师要理论联系实际,引导学生除了向书本学习,更要向社会学习,向实践学习,开阔学生视野,提升学生素养,从而更好地落实政治认同,促进学生成长。

如有老师讲授"市场体系"时,利用周末时间带领部分学生实地参观访问本土上市民营企业——永辉超市,结合学生日常到永辉超市购物的实践经验,让学生近距离实地了解永辉企业的运营,快捷的商品货物配送体系,先进的现代采购体系——从田间到超市到餐桌的配送流程,无间断的运营模式,永辉企业特有的"赛马机制"与全员持股计划及实施情况等等。让学生从实践到理论,理论再指导实践,增强了教学的直观性、生动性与实践性,极大地增强了学生对政治学科的兴趣。

在教学实践中,以社会现实中的生动案例讲好"中国故事",让学生在现实的理解和感受中体会社会主义发展取得的伟大成就;同时实事求是地运用全面的和发展的观点讲好发展中存在的问题,运用马克思主义的唯物史观讲清楚当前面临的挑战,培养学生的社会使命感和责任感。开展"时事述评",引导学生收集筛选时事素材,针对时事的背景与影响等进行分析,结合高中教材知识进行解读,阐述观点。在课前五分钟设置时事汇报,也可以设置时事专题教育教学课,并鼓励学生撰写"时事评析"及制作时事微视频,在班级和学校巡回展示。开展"感受家乡的变化"为主题的全校"征文比赛"。

三、情怀深,当好学生奉献祖国的引路人

思想政治课教师要有浓厚的家国情怀,自己心里装着国家和民族,并通过爱学生、爱职业、爱学校、爱社会、爱国家等可感可知的方式,把情怀传递给学生,在学生心灵埋下种子,引导学生扣好人生第一粒扣子。

(一)思政课教师要引领学生厚植家国情怀

思政课教师要保持家国情怀,心里装着国家和民族,在党和人民的伟

大实践中关注时代、关注社会,汲取养分、丰富思想。教师在日常教学中要紧跟时代发展,密切关注我国经济社会发展的伟大实践,关注国家社会的命运,将活生生的真实素材带入课堂,融入理论。只有教师富有深切的家国情怀才会厚植学生的家国情怀,时时处处想着国家,想着人民,这是大爱大德,养大德者方能成大业。思政课教师要注意引导学生讨论:在国家社会公共利益面前,如何正确看待个人利益,如何正确处理权利与义务的关系,等等。

(二)思政课教师要引导学生融入乡土情怀

乡土情怀是家国情怀生动微观的表达方式,乡土是我们生于斯长于斯的地方,是陪伴每位学生成长的地方,是童年美好回忆的地方,是每天看着它日新月异变化的地方,是家的方向。"一方水土养一方人""一方水土一方文化"等都表达了我们历来拥有的乡土情怀。思政课教师要怀着热爱家乡、建设家乡、为家乡培养时代新人的情怀热情饱满地滋养学生的乡土情怀。如福州高级中学地处"烟山之巅,闽江之畔",处在烟台山为核心的历史风貌区的中心区域,2003年,美志楼、力礼堂和钟楼被确立为省级保护单位(重点保护15座文物建筑)。教学立足本校的学生学情,挖掘和开发乡土校本资源。又如国家对烟台山景区改造及对"省级示范性高中"建设的投入力度,针对此情况有些思政教师开设市级公开课"国家财政"及"文化的发展与创新"。在探讨"企业经营成功的因素"中,充分挖掘近年我市本土新零售企业"朴朴"的发展创新成功之路,了解其管理体制、科技创新与企业文化,使学生在体会感悟身边的发展中深入学习学科知识,培养能力,厚植乡土情怀。

(三)思政课教师要怀有强烈的爱生情怀

爱是教育的真谛,爱是教育的本质;爱学生是教师的本职与本能,爱学生是教师的职业情怀。教师在爱中与学生一起成长,教师在爱中与学生共建和谐课堂,和谐师生关系,和谐教学。思政教师要充分尊重不同学生的个性,包容个性,包容学生犯的一些错误,学会用学生视角观察、欣赏学生,并以学生为主体开发思政课的课程资源。如教师在授课"正确认识中华传统文化"时,大量引用学生在学校艺术节中创作的书画作品、文学创作,学校体育节上的精彩比赛集锦作为情境素材,教师在收集素材、整理分析素材中近距离感受学生的可爱、努力与才华,从内心深处加深对学生的认同与尊重,在营造的浓厚的校园文化中感受文化潜移默化深远持久的影响,极大地增强学生的文化自信与学习自信。

四、思维新,当好学生创新思维的引路人

习近平总书记指出:"创新课堂教学,给学生深刻的学习体验,引导学生树立正确的理想信念、学会正确的思维方法。"①思政课教师要真懂真用辩证唯物主义和历史唯物主义,用它们来分析问题、解决问题,增强教学的思想性与理论性;用它们来创新调整课堂教学方式方法,增强教学的亲和力与针对性;用它们来指导学生成长,增强学生的综合素质和创新能力。思政课教师运用马克思主义的辩证唯物主义和历史唯物主义,创新教学方式,引导学生树立科学的世界观、人生观与价值观,树立正确的理想信念和思维方法。其中思维方式对于人们认识世界和改造世界起着至关重要的作用。

思政课教师要加强理论学习,培养理论思维。社会不断发展,中国特色社会主义伟大实践不断发展,马克思主义中国化的理论成果不断发展,信息技术快速迭代,新兴传播手段不断出现,传播速度广度都在加速。因此,新一代青少年受到互联网技术的全面普及。这些都要求我们要"因时而变,因势而变"。作为一名思政课老师,不能用昨天的知识及教学方式教今天的学生适应明天的社会发展。

思政课教学与生活一样,要与时俱进,要常讲常新。思政课教师要紧跟时代步伐,关注世情国情社情的变化,并遵循教育规律,实现生活逻辑与理论逻辑相统一,高度关注校本生本思维、法治思维、系统优化思维、实践思维、唯物辩证思维、学科素养思维等。

(一)校本生本思维

教师服务于特定的学生群体,不同地区不同学校的生源状况差距很大,只有关注到校本和生本教学才会有的放矢,有针对性。如福州高级中学作为"省级示范性高中"建设单位,校园建设、课程建设、校本作业等各方面建设目标是"省级示范",在日常教学中逐步建立起一套适合自己校本生本的"校本作业"体系:高一年级注重基础知识、基本能力与基本学科思维

---

① 习近平.思政课是落实立德树人根本任务的关键课程[J].求是,2020(17).

的起步阶段的配套作业体系;高二年级因有选科又有合格性考试,建立起两套适应选择政治科的衔接高考选拔性考试及适应合格性考试的较基础的配套作业体系;高三年级面临高考压力,建立起全面适应高考的一二三轮、适合本校生源状况的校本作业体系。

(二)依法治理思维

依法治国是我国的基本治国方略,全国人大依法立法,不断完善法律法规以适应社会发展的需要,各级政府依法行政、严格执法,正确履行国家职能为人民服务,社会各界和广大人民群众学法、懂法、守法、用法,全社会形成法律至上的浓厚氛围。思政课教学中要宣传贯彻法治意识、法治精神,培养学生的法治意识,让学生真正学法、懂法、用法,让法治照亮生活。在高中,要把经济生活、政治生活、文化生活等方方面面知识融入法治思想,帮助学生树立法治思维。经济生活教学中,要让学生理解社会主义市场经济就是法治经济,市场主体要在法治的基础上进行生产、分配、交换等市场行为。市场主体的市场全生命周期——市场准入、市场竞争、市场退出等也要在法治的基础上进行。政府要在法治的框架下进行宏观调控市场监管。公民作为不同主体进入市场都要守法:作为劳动者,在依照法律履行劳动者的义务的同时依照法律享有劳动者的权利,运用法律维护劳动者自身合法权益;作为纳税人要依法纳税;作为投资者要进行合法投资、分享市场公开渠道获得的信息;作为消费者,消费者的权利应依法得到保护等等。

(三)唯物辩证思维

马克思主义的辩证唯物主义为我们提供了科学的思维方法,是人类思维方法的高度总结:正确处理主客观关系,人的主观认识必须来自客观事物,不能脱离客观进入主观主义的误区,要求我们一切从实际出发实事求是,这是唯物思维;我们要用联系、发展、全面的观点看待世界。世界是普遍联系、时间相继、空间相连的,不能用孤立的观点隔断客观联系;万事万物是普遍运动发展的,事物总是前进上升发展的,我们不能用一成不变的观点看待万事万物;世界是矛盾的,"世界即矛盾,矛盾即世界",任何事物都具有两面性,它们之间既相互对立又相互统一,既具有斗争性又具有统一性,我们要用全面的观点看问题。以上是马克思主义哲学重要的思维方式,教会我们如何正确看待思考世界。思政课教师要充分运用科学的思维方法理解教育,理解学生,理解教材,理解社会,促进学生科学思维习惯的养成。

（四）创新变革思维

创新思维有利于促进人类社会生产力发展,促进社会生产方式变革和社会制度变革,促进文化创新性发展和创造性转化。创新不是对过去对别人的全盘否定,也不是全盘肯定,是辩证否定,是一种扬弃,是新事物对旧事物中积极的符合规律的吸收发扬的同时对旧事物中消极的不再符合规律部分的抛弃克服的过程,同时又新增添符合规律的有强大生命力和远大发展前途的部分的复杂过程。思政课的创新思维离不开思政课特有的学科基本观点、基本原理、基本方法、基本素养要求等。创新思维实际是批判性思维,包含为解读获取信息思维、分析综合思维、判断推理思维、评价反思思维。如评析题、评价类的试题等等。

针对当前互联网＋教育,我们就以"数据支持的中学教师个性化教学策略"为题来思考思政课教师如何做到思维正,当好学生创新思维的引路人。

随着大数据时代到来,信息技术发展日新月异,该背景下教育大数据的使用在教育系统创新与改革上发挥了重要作用。"教育信息化"的相关文件明确指出,教师本身应具备借助信息技术开展个性化教学和分析学情的专业能力,并且也要能够在信息化背景下更好地完成创新教育教学,以促使信息化教学能够逐步发展为中学教师的教学常态。除此之外,《普通高中思想政治课程标准(2017年版2020年修订)》指出:要对信息技术巧妙运用,更要在信息技术支持下优化课堂教学手段、创新授课方法和提高信息化教学水平。实际上,尽管个性化教学已成为后续教育发展的主流方向,但仍有部分一线教师在沿用传统教学方法,而并未真正做到将个性化教学向常态转变。"分层教学"、"走班制"和"翻转课堂"等新型教学形态的出现,对传统教学提出了更高挑战,同时对教师自身素养提出了更高要求。因此,为保证教学成效,教师除要能够对信息技术灵活使用外,更要深入思考如何在大数据推动下更为有效地在课堂上实施个性化教学,从而实现"优教"和"优学"的完美结合。

1.个性化教学发展现状

我们分析传统教学能够发现,以往中学教师在授课时更多是依托于自身经验来判断学生群体是否遇见难以解决的问题,是否面对某一事件无法精准表达。同时，也有个别教师为确保教学目标能够顺利完成，常会采用"大多数"原则，而这种教育理念无法在教学过程中照顾到所有学生，所以该情况下，教师难以根据学生主观需求和能力差异开展针对性的知识传授和教学引导，以至于教师在授课环节根本无法掌握每名中学生的具体学习情况，故而因材施教也难以落实。

但随着教学改革的持续性深入，《教育信息化2.0行动计划》对个性学习、差异教学和精细管理以及智能服务也提出了具体的实践路径。该文件指明了在落实该教育目标时应对信息技术合理应用，并且要勇于探索该项技术与教育教学的融合方式。基于该"行动计划"，虽然当前已有诸多中学针对个性化教学开展了实践探究，但其所获得的效果仍十分有限，究其原因，主要有三点：首先，在实际教学环节欠缺对大数据产生的全面性分析；其次，相比于实证研究，更倾向于理论研究，同时在定量及定性研究两方面主观意识较为薄弱；最后，也有极个别学校对多媒体技术过度依赖，以至于教学内容与实际课程存在脱节现象。关于这些问题，教师应明确：对于中学生来讲，这一阶段性格差异较大，并且主体需求也有极大区别，若教师仅是以班级上课的方式进行教学，将难以感知其学习需求和主观想法。但在大数据技术支持下，中学教师通过对各项数据指标进行分析，不仅能够更为精准地掌握学生群体的学习特征、个性特征和实际学习动态，同时也能对学生学习过程中的相关数据进行实时记录和分析，而这也有利于个性化教学的有效开展。

2.基于数据学习研究，顺应数据变革浪潮

（1）合理利用教育数据，培养教师数据思维。

大数据时代，为确保教育教学能够时刻保持在持续发展状态，其关键是教学精准度的提升和学生个性化发展的实现。鉴于此，日常教学环节，中学教师应依托于数据对学生群体的学习态度、行为以及特征进行全面化分析，以此形成较强的"数据智慧"，其目的是进一步优化教师的授课行为，并为个性化教学落实以及教学质量提升提供基础保障。此外，"数据智慧"的形成也需要教师在长时间的教育实践中逐渐积累，以往教学生涯中，诸多教师会以自身教学方法与经验为前提来记录每名学生的不足之处和学习优势，但这种记忆方式过于简单、难于分享，并且也不易携带和分析。要改善此弊端，可组织教师群体重新认识信息技术和网络数据，并以此帮助其将自身教学思维逐渐由"经验重复"转向为"数据实证"。想要实现该目标，教师应以数据分析处理为基础，并通过不断反思与研究促使自身信息技术使用和数据分析能力皆能有所提升,只有这样,才能形成极具个性的教学智慧。与此同时,随着各项教研活动日渐深入,个体教学智慧也会在研究中不断碰撞,这样一来也会使整个教研活动更为清晰、有效,教研管理变革也能得到更深层的落实。

(2)实时优化数据平台,改进教师"教学决策"。

以数据支持为背景,中学教师想要高质量实现个性化教学,需要做到将"数据实证"变为"教学决策",简单来讲则是教师应对教学方式加以创新,更要在创新过程中利用信息技术完成教育教学的根本性目标。鉴于此,实践环节应教会教师对各种数据分析软件熟练使用,同时也要通过对数据的分析和使用改变教学行动,以帮助其尽快形成"数据智慧",从而改进"教学决策"。例如,学校可要求教师尝试在批改试卷时使用智学网手阅和网阅形式,更要将日常的阶段练习、周末练习以及各种大型考试的结果数据和过程数据全面收集,确保云计算、大数据等信息技术的教育优势能充分发挥;不仅如此,学校也可对数据采集与分析系统合理应用,通过该方式可将实际教学的各个环节有效连接,这样既能最大限度地避免信息孤岛情况出现,同时也能找出一个符合校内教育实情的、简便易行的、科学客观的数据分析标准。从功能上讲,智学网能够为中学教师提供很多教学便利:首先,考试总览,其中包含成绩分段统计、概览、知识点掌握统计几方面;其次,试题解析主要涉及题目选项统计、答题实情、试卷难度、优秀试卷查看以及平均得分等几点。每次考试后的数据信息能够将现阶段教学情况以及学生管理现状充分体现,而这些数据则是学校下一步进行教学优化和整改的重要依据,因此中学教务处、备课组以及学科教师需要对该系列数据的汇总和梳理给予高度重视,以促使数据信息的情报功能可充分发挥。不仅如此,中学教师也应对数据价值深入了解和挖掘,只有在数据中挖掘和发现相关问题,才能够围绕具体问题展开思考和分析,而智学网所提供的一切学生数据皆是以知识点分析诊断为前提,通过借用该类数据教师可全面掌握每名学生的知识盲点以及学习需求,如此在开展讲评课和复习课时教师也能更加精准定位。在数据智慧引导下,教师会主动对自身教学行为及学生学习行为进行反思,其目的是使教学指导过程时刻保持在最佳状态,并以此对"教学决策"加以改进,只有这样,才能在教学有效性提升的同时进一步推动个性化教学实施。

(3)运用教师"教学决策",改进个性化教学模式。

中学教育阶段,若教师能够做到灵活使用数据,则能够掌握学生群体的不足和能力优势，而这也有助于其改进和调整教学计划。以往教学中，因学生本身无法正确认识和了解自身学习活动与行为，所以尽管在教师要求下建立错题集，但其实仍难以对自身的知识掌握深度有精准了解，而对于教师来讲，依靠直觉和过往经验感知学生薄弱知识点的这种方式和教学行为对教学质量提升及个性化教学也有严重束缚。鉴于此，学校应让教师明确只有在"教学智慧"和"数据实证"双重支持下所形成的教学决策才更有利于其关注和了解学生的学习实情，同时也更有利于其采用各种针对性教学策略，从而提升教学有效性，并做到"精评、精讲、精练"的授课要求。不仅如此，以"教学智慧"和"数据实证"为前提所形成的教学决策也能进一步指导教师思考课堂教学组织形成以及教学结构，更能针对某一共同学习问题制定解决方法，以此为中学生提供精准化个性化的教学服务。具体来讲，教师围绕学生所在班级、薄弱知识点以及班级共性错题等诸多方面，将数据系统所推送的训练习题和校内已有作业题库进行二次整合后生成全新的训练试卷；或者教师也可结合学生能力以及学习基础设置差异性习题作业，教师通过跟踪学生其作业完成情况则能对其知识掌握深度和学习状态充分掌握。另外，这种个性化训练方式能够有效避免题海战术和重复性训练，一段时间后不仅能够减轻学生课业压力，同时也有助于其提高问题解决能力。从学习者视角分析，该学习方式下学生主体能够针对自身未了解的知识点着重分析和学习，这样一来既能帮助其节省学习时间，更有利于提高学习效率。尤其是在新高考改革背景下，数据信息对学生帮助会更加明显，例如，某位学生思想政治成绩十分优异，系统则会建议其选择政治课程，并对其推送与政治知识学习相关的知识内容，而校内教师也可通过智学网数据掌握学生学习优势，从而有目标、有层次地实施个性化教学。

（4）完善学校数据平台，促进学校科学管理。

各中学在完善教学数据时应从以下几方面入手：①数据的保存与积累。数据包括长期数据和短期数据。长期积累数据主要包括教师教学风格、学生学习习惯；短期数据则涉及作业完成情况、课堂互动以及学生作业等内容。②数据的监测与评估。教师需要对过程性数据加以检测和评估，只有校内形成完善的管理决策中心和数据汇聚中心，管理者才能在发生问题时获取到系统化的数据支持，而这些数据无论是在教学方式改进还是教师队伍优化上皆能发挥重要作用。③数据的分析与利用。学校管理者不能仅是对显性数据进行挖掘和利用，想要真正做到优化教学效益，一定要针对不同年段、班级和校内文化隐性数据深度探索和利用，其目的是让中学教师在改善自身授课行为、优化教学方案时能够有更充足的数据作为支撑。

3.发现本质问题,寻找解决策略

(1)加强教师数据分析能力,助力教师数据智慧养成。

当前部分中学教师在教学深度以及大数据认知上存在明显差异,并且因教师本身数据分析能力有一定局限性,所以在分析各项数据时难以将其教育价值全面挖掘,同时对数据智慧形成和教学行为改进也有严重阻碍。针对该情况,校方针对备课组、教研组以及一线教师应进一步加强培训,借此契机帮助中学教师更深层地掌握与大数据相关的知识和技能,并以此提供提高其对数据信息的研究自觉性。通过这一改变,实现教学实践和数据能够有效结合,教师也能更好地将教学数据转变为教学方法与策略。

(2)组建数据整合团队,加强数据分析平台建设。

在教育教学环节和学校管理中应用大数据已然成为各中学提高教学水平的有效方式之一,通过将好分数、智学网等各类数据平台与学校教学需求进行有效对接,可进一步促进服务商优化平台功能和题库针对性,如此也能促使个性化学习有效性大幅提升。鉴于此,教育改革背景下,为确保个性化教学中数据支持作用能够全面发挥,校内管理者可组织专门的数据整合团队,该团队建立主要以教师数据智慧提升为前提,有计划性地组织学科教师开展教学研讨。具体实践环节,数据整合团队应设立数据收集框架,明确数据收集范围以及实际来源,尤其是对教学实践和评价的数据收集应加以重视,以确保数据信息足够完整和标准。

(3)选择教学内容和形式,指导学生个性化学习。

在完成数据分析平台的有效构建后,学校需要以"教学"与"学习"为目标,并对教学实情进行深入分析、采集相关数据,以此制定精准的个性化教学计划,选择更为合理的教学形式与内容,加强教学指导。面对教学数据中所呈现的各种信息,教师根据不同标准进行分类与细化,而在完成应用后教师需展开全面分析,以便于调整后续教学内容和方法。不仅如此,教师也可引导中学生群体针对自身需求和兴趣爱好有针对性地筛选教学内容,并鼓励其分享学习经验和见解,培养其独立学习能力。在了解"学情"时,教师可针对课堂练习、日常作业、阶段测试以及单元练习多个方面数据进行采集,随后围绕所获取的数据进行评估分析,从而更为精准地掌握中学生学习实情,这种"学情"调查方式与以往教师凭借自身经验所做的判断有明显区别,显然,在数据指导下无论是教学现状还是学习实情皆能更为全面和直观地呈现,而这对高效课堂构建十分有利。

　　教育改革下为保证中学教师能够有效开展个性化教学，其需要对数据作用有充分了解，深度思考是深度学习的必经路径，是生活逻辑走向理论逻辑，并且要能够做到全面收集、整理和分析各项教学数据，经验知识升华为品质能力的纽带、桥梁，只有如此才能将个性化教学效用充分发挥。因此，学校领导者应通过加强培训和构建数据分析平台等多种方式为教师利用数据实施教学提供强有力支持。思想政治教师应立足鲜活的社会实际，结合课程内容，引导学生深度思考，推动学生深度学习，践行好立德树人、铸魂育人的职业担当。

　　总之，我们要建设一支"政治强、情怀深、思维新、视野广、自律严、人格正"的思政课教师队伍，思政课教师身正育人，传递正能量。思想政治教师队伍建设：首先，要求我们要把好教师准入门槛，严控入口关。目前中学思想政治课新教师基本上是党员，很多还获得硕士学位。我们要将政治标准、道德标准和业务标准作为一个有机整体，严把新思想政治课教师关。其次，要求我们做好校本研修，提升教研能力。我们借助当地优势资源，聘请省内外专家和思想政治课名师到校开展校本研修并积极参与省市骨干教师培训，选派学科骨干教师到一些项目基地参观考察，在实践中提升教学能力。全面落实党的创新理论"三进"要求，教师通过省、市及校际的教学协作组教研活动，自觉钻研业务，不断学习，不断反思，不断总结纠正自己的教育教学方式，把自己最优秀的一面展示给高中生，把"正能量"传递给他们，并促进其形成正确的人生观、价值观。这样能有效促进思想政治课学科建设和教师整体教学水平提升。最后，要求我们加强综合素养，带动专业发展。这就要求思想政治课教师从三个方面入手：善于学习。一个好教师的知识结构应当由三方面组成：精深的专业知识、开阔的人文视野、深厚的教育理论功底。这就要求我们思想政治课教师不断学习新的教育教学理论，不断补充知识能量，用先进教育理念来指导自己的专业教学，提升自己的正能量。美国心理学家波斯纳提出了一个公式：教师成长＝经验＋反思。学会教学反思，能让我们理性思考问题，提高教育教学效率。如果一个思想政治教师仅仅满足于获得经验，而不对经验进行深入思考，那他可能永远只能停留在一个新手型教师的水平上。善于总结。思想政治教师在教学工作中总结教学得失，做到每日一悟、每周一感、每月一得。由此全面、系统地梳理以往的教学工作情况。只有正确认识以往工作中的优缺点，才可以明确下一步教学的方向，积累更多的教学经验，提升自己的教学正能量。

第五节　从课程策略看,构建智慧平台,激发正能量

智慧校园对中学教育现代化具有革命性影响,它以物联网技术为基础,以信息技术为支撑,针对学生学情差异,通过平台信息传递推动信息技术与学科教学的深度整合,促进学生对学习内容的深度理解,形成科学高效的高中教学策略。我们结合实验学科案例分析,提出了大数据背景下学科教学因材施教的困境及出路,主张思政课基于信息技术的因材施教,让信息技术与思政课进行深度融合创新,如用网络教学和智慧课堂实施翻转策略、留白策略等,由依据"经验"转变为依据"数据"来设计教学,变革学习方式激发正能量。努力搭建跨校、跨地区乃至全省的思想政治课研究交流与资源共享平台,避免单个学校思想政治课师资队伍力量不足的问题。

一、智慧校园及其教学策略的提出

在大中小学中,浙江大学是首先提出并构建"智慧校园"的,它通过利用云计算、虚拟化和物联网等新技术将学校的教学、科研、管理与校园资源和应用系统进行整合,以提高应用交互的明确性、灵活性和响应速度,从而实现智慧化服务和管理的校园模式,使学校教育现代化管理更加方便快捷、更加透明高效,校园生活更加丰富多彩,形成一个安全、稳定、环保、节能的校园[①]。综上所述,我们认为,智慧校园是指在物联网、云计算和移动互联网三大信息技术的应用背景基础上,能成就学校基于互联网的因材施教、创新高效的网络科研、透明公开的依法治校、异彩纷呈的校园文化、便捷服务的校园生活等的交互平台。智慧校园应具有四个特点:

(1)大数据的支撑。智慧校园不仅在技术上涉及用 RFID、二维码、视频监控等感知技术和设备,而且在大数据背景下改变了学校各服务管理系

---

① 胡钦太、郑凯、林南晖.教育信息化的发展转型:从"数字校园"到"智慧校园"[J].
中国电化教育,2014(1):35-36.

统的信息孤岛(技术架构、业务流程、数据系统)现象①。

（2）个性化的教学。面对喜欢信息技术、更依赖网络、更习惯于碎片化学习方式的学生，能较好地对学习者个体特征和学习情景进行感知、捕获和传递，并高效解决师生在校园学习、生活、工作中的诸多实际需求。

（3）开放式的学习。智慧校园突破时空，从线下拓展到线上，让有效学习在真实情境和虚拟情境中得以发生，使教与学实现课堂翻转有了可能条件。

（4）立体化的交互。在"互联网＋教育"条件下，智慧校园连接着所有软硬件系统和设备，按照立体交互的方式协作学习和工作。何为教学策略？目前学术界对此还没有统一的界定。袁振国认为："所谓教学策略，是在教学目标确定以后，根据已定的教学任务和学生的特征，有针对性地选择与组合相关的教学内容、教学组织形式、教学方法和技术，形成的具有效率意义的特定教学方案。"②我们认为，在大数据时代下的教学策略应该根据教学目标和学情，以智慧校园为支撑，以教与学资源为数据库建设为基础，通过教学活动的设计，促进学生对学习内容的深度理解，实现精准的教与学目标，打造教育新生态。从宏观上讲主要有产生式教学策略、替代式教学策略、独立学习与小组学习策略、竞争与合作学习策略等。从微观上讲主要有：以语言形式获得间接经验的教学策略，如讲授法、谈话法、讨论法和读书指导法；以直观形式获得直接经验的教学策略，如演示法和参观法；以实际训练形式形成技能、技巧的教学策略，如练习、实验和实习作业等。

二、教学策略创新困境的原因分析

策略创新尚未跟上大数据发展步伐。大数据时代对高中政治教学提出新要求，但目前中学常规教学中未能有效把握这种趋势，教学定位不明确、教学模式不完善、基于大数据的教学策略单一，陷入了"穿新鞋走老路"的困境。如教师把基于互联网的互动白板或一体机仅当成幻灯来使用，高中政治学科教学策略无法与大数据背景下海量资源进行有机统一。教学

---

① 李艳霞.基于大数据时代背景的信息化教学有效性提升策略[J].开封教育学院学报,2015(5):143-144.

② 何克抗,林君芬,张文兰.教学系统设计[M].北京:高等教育出版社,2006:80.

策略创新尚未形成多样化策略态势。在互联网时代冲击下，人们的思维模式、思考方式发生了变革，信息载体几乎没有空间限制，完全可以突破时间和逻辑的线性轨道，自由翱翔于思维的广阔天地。高中政治学科传统的讲授教学策略虽然在教学中经常被采用，但显然不能满足智慧校园下的教学需要，教学策略在"智慧校园"这个平台新的生成和建构，必然会触发它们的变革。教学策略创新尚未建立一套支撑服务保障体系。当前，高中政治课堂作为知识传授场在提高学生创新意识、实践能力方面存在一定的限制，教学策略支持系统还没有真正建立起来。这就需要创设智慧校园的教师把更多的注意力放在教育教学的最优化上，实现基于大数据的因材施教，培养学生主动求知的能力和合作探究的能力，让学生的思想火花不断迸发，不断碰撞，不断整合，潜能得到开发。

三、智慧校园的思政教学策略的创新

针对现状，为了有效弥补高中政治教学策略的缺陷与不足，就要结合大数据的时代背景，正确定位、创新教学策略，以期从整体上优化高中政治教学。本节提出四种教学策略，作为创新借鉴。

（一）自组织教学策略

"自组织"是指一个系统在内在机制的驱动下，自行从简单向复杂、从粗糙向细致方向发展，不断地提高自身的复杂度和精细度的过程[①]。在"智慧校园"的平台上，学生应当能够对自我的学习进行从简单到复杂、从粗糙到精准的提升。教师也可以根据学情不断调整教学方法和策略。在智慧校园下高中政治学科可以通过以信息技术为载体，促进开发、建立政治教学网络平台，并突显高中政治教育的互动交流及资源共享（包括时事、课件、作业、微课堂），从而促进学生自主学习，营造出自主探索、多重交互的学习环境，把学生的主动性、积极性充分调动起来。

（1）建立作业问题库的教学策略。利用大数据云平台技术，通过政治学科错题本学生端软件（采用 APP 端和 PC 端相结合的形式）采集学生的问题和错误，形成学生纠错的问题库（单选为主），实现学生校本作业错题

---

① 孙博文，贺东光，吴宏伟.网络教学中的自组织教学策略研究[J].计算机教育，2015（4）：51-52.

的智能化检索，形成个性化诊断书，生成"私人定制"的评价反馈，自动生成下一级学习目标，真正做到因材施教。

（2）基于时政热点问题库开展在线论坛的小组协作教学策略。由于高中政治学科特点决定问题需要与时俱进、推陈出新，采用大数据下的 PC 教师端的交互式错题本有利于教与学的高效、有效，设计供学生论坛探究的电子错题本 APP，并应用到实践教学，通过对比实验证明，使用政治电子错题本的自组织教学策略的学习效率和效果具有明显优势。

（二）翻转课堂教学策略

翻转课堂（flipped classroom 或 inverted classroom），也称反转教学或颠倒教室，是指将传统教学中课堂授课与课外作业的顺序翻转过来，在课外自主学习基础知识，课堂上解决难点问题的教学模式。[①] 在智慧校园下，我们可以利用基于智能互动白板加速高中政治知识的内化生成（下面以 SMART 白板为例）：

（1）基于智慧终端的直观立体翻转教学策略。利用 SMART Notebook 强大的作图功能可以使政治课堂的知识结构图变得快捷准确，如"经济与社会"、"哲学与文化"，还有各种软件自带图形可以直接画政治学科思维导图。基于学校的云数据，教师还能够利用魔术笔将徒手画的思维导图转化为标准的图形，将课堂上所需的 3D 对象从互联网中嵌入 SMART Notebook 软件，教师在课堂上配合 SMART Document Camera 的 Mixed Reality 来观察 3D 物体，让学生体验前所未有的视觉冲击，获得更直观的感受。

（2）基于微视频的个性化教学策略。依托于智慧终端自带摄像头制作多种多样微视频，如摄录、PPT 式直接式、录屏式、Flash 动画、混合式等五种方式，包括教师的板书过程、讲解过程，甚至课堂上师生的互动过程都会全部录制下来，利用存储功能录制生成高中政治微视频精彩课例，通过互联网使课堂无限地延长，让学生拥有灵活的时空，自由地个性化学习，也可以反复观看网络视频。教师还可以利用 SMART Notebook 中的 Response VE 工具命制好政治学科每一章节的知识点、时事政治、热点等，约为 5～8 分钟的微视频，上传资源到共享平台让学生 ID 登录学习，实现了

---

① 朱宏洁，朱赟.翻转课堂及其有效实施策略刍议[J].电化教育研究，2013(8)：81-85.

课前、课后、课中的教学顺序翻转。

（3）基于信息技术的预设与生成翻转策略。通常课堂教学是先预设后生成，然而在智慧校园的环境下预设与生成往往发生翻转，利用 SMART Notebook 强大的交互功能使学生更好地参与政治课堂教学活动，如学生可根据自己在"经济与社会"学习过程中对价值规律的理解画出自己想要的图形，或者在"哲学与文化"的"意识"教学中也可把内心的想象事物用白板的动画来表达等，培养学生在高中政治课堂上的创新思维。这样，学生在课堂上可以对知识即时生成，教师即使没有预设也可以生成，利用 SMART Notebook 及时地进行互动探究，促使师生共同解决问题，改变以往教师过分强调多媒体的预设作用而忽略了在生成上对教学设计的精细要求。

（4）基于在线测试的学习任务单策略。教师在课前针对学生需要掌握的基础目标设定学习任务单，学生通过智慧终端自主学习网络视频内容，及时做好笔记，尝试完成放于学校云数字教学平台的测试题，并提出疑问，在线测试后遇到无法解决的问题时可以向教师或同学提问，相互交流，教师可以及时把握学生学习程度。

（三）交互生成教学策略

生成即"形成、产生、制造"，就是产生新的东西。在这个过程中，课堂生成最具生命力和本真特征，政治教师如何关注生成，使学生有新的认识、新的收获，成为课堂的主人？创新策略有：

（1）基于微信软件的交互生成策略。运用微信软件作为一种思想政治学习交互平台和资源存储空间，旨在满足师生对课程资源与开发的需求，让学生、教师和资源三者间的交互和融合能突破存储容量和技术支持的瓶颈，完美架构以"学生为中心，教师为主导，资源为依托"的三位一体的创新教学策略，营造资源共享、多重交互、自主探究、协作学习的学习环境。在高中政治教学中，师生的微信号可以就学习实现"一对一"的交互；师生的朋友圈既可分享课程资源也可实现"一对多"的关注和交互；师生可以就不同的功能和需求创建如"思想政治同步资源群""时政答疑解惑群""高三政治复习测试群""高中政治网上书架"等微信群，在群内更有群聊和实时对讲机等交流工具实现零距离的"多人"交互，也可通过添加关注、朋友圈发布及群内推荐等方式实现"学习资源与学习者"间的交互。

（2）基于智能系统的评教策略。通过智慧校园的系统平台开展科学有效的高中政治课堂教学评价，能够有效地鉴定教师的教学态度、教学质量、工作能力、业务水平等，运用信息技术融合高中政治课堂教学评价，提高教学策略的有效性和智能化水平。

（3）基于智慧课堂的自我纠错策略。高中政治教师可通过智慧课堂学习终端平板或手机端反馈了解学生答题质量和数量，及时发现学生政治学科知识体系缺漏情况，解题方法的掌握情况，为日后的教学提供参考，使教学变得有的放矢。同时经过一学期或一段时间的积累，学生就可以形成个性化的政治错题集，并通过个性化的学习进行自我纠错，弥补自己薄弱的环节。

（四）思维可视化策略

思维可视化（Thinking visualization）是指运用一系列图示技术把本来不可视的思维（思考方法和思考路径）呈现出来，使其清晰可见的过程。[1] 被可视化的"思维"更有利于理解和记忆，因此可以有效提高信息加工及信息传递的效能。没有大数据的平台支撑思维过程是很难"显而易见"的，但在智慧校园平台下，人们是有能力让思维过程可视化的，从而将项目学习的思维过程形象生动立体地呈现在学生面前。高中政治课程是一门立足政治性、思想性，注重思维和灵感激发、科学与人文融合的课程。首先，思维可视化策略打破了思想政治传统教学模式，不再以知识点作为线索，而是通过信息化手段以"完成一个教学活动"的方式，将设计的理念、流程和内涵可视化。高中政治教师通过构建智慧化环境，丰富项目教学手段，如用微课系统、电子互动白板录播政治课堂教学的全过程，充实课程资源，系列化、系统化原有的文本和多媒体资源，让学生在思想政治学习过程中更直接、便捷、自如地获取最需要的信息，建构自己的思想政治知识体系，理顺课程知识脉络，发现思维规律。其次，教师顺着学生的思维引导他们进入教师预设的哲学思辨的思维轨道，通过思维可视化将课程内隐知识转换为有组织的高中政治学科资源，监控学生思维发展态势，及时利用教育机智干预政治教学的预设，学生凭借思维可视化教与学的策略，进行识忆、领悟、内化、迁移、整理及与同学小组合作、探究分享，逐步在头脑中形成新的认知结构。

---

① 王志军，温小勇，施鹏华.技术支持下思维可视化课堂的构建研究[J].中国电化教育，2015(6)：116-117.

四、智慧平台的因材施教已成为现实

基于智慧平台的因材施教已经成为现实,就像阳光普照释放正能量,这也是思想政治课正能教育的重要途径。当前课堂教学改革重在教学策略的变革,这样才能真正有效解决大数据背景下出现的一些新问题。我们提出基于智慧校园的高中教学策略创新,是促进学生学习方式变革,推动信息技术与学科教学深度整合的探究。

实践证明,大数据背景下的智慧校园重构了高中政治教学各个环节,使基于信息技术的因材施教成为现实,不仅为学生提供了个性化与协作化的学习环境,更能促进学生高级思维发展,形成自组织教学策略、翻转课堂教学策略、互动生成教学策略、项目学习过程的思维可视化策略,实现在智慧校园条件下思想政治学科教学策略的创新。

智慧平台加速思政课释放正能量

在传统的教育教学过程中,教师讲授式、填鸭式教法,学生题海战术、盲目学习在中小学课堂中是非常常见的。在日常性教学过程中,教师依托PPT和黑板、粉笔等教学工具重复着简单机械的工作;在公开课过程中,虚假夸张的表演不能成为常态课坚持,种种低效的课堂教学策略不能满足课程新高考改革的发展需求。2001年教育部提出的《基础教育课堂改革纲要(试行)》中提出了新的教学策略,要求转变学生的学习方式,促进学生在教师的指导下更加主动、富有个性地学习,首次提出"自主、合作、探究"为特质的学习方式,期望改变传统的以教师为中心、以书本为核心的教学模式。经过若干年的实施,由于教育技术提供的支持有限,仍然无法通过有效的信息化工具,了解和记录学生的学习行为,了解和掌握学生的学习情况,评价学生的学习能力和知识掌握程度。随着大数据、人工智能、云计算、区块链等新兴技术的快速发展,对教育信息化从"起步""应用"阶段向"融合""创新"阶段的跨越提供了充分的保障,基于这一假设,各中学开展基于智慧校园的中学学科教学策略研究有了实施的可能。

教育信息化是一个系统工程,是一个动态的、不断完善的过程,硬件资源与软件资源建设要同步进行,重点实现在校园网建设已基本完成基础上的软件资源建设和应用,尤其是对学科教学策略、学生学习资源的推送策略、教师教学资源的整合和共享、学生的个性化学习过程的数字化研究,建设智慧校园,最终为本校学生提供一个开放的、社会化的学习与研究环境,实现中学学科教学策略的最优化。如福州第十五中学正努力建设以教育信息化带动教育现代化的智慧校园,培养"具有国际视野、爱国情怀的优秀人才",努力建设两个环境——创新性教育环境、挑战性学习环境,探索一条途径——基于技术的因材施教,全力打造正能教育和美育特色的中学。

第一节 培育创新性的教育环境与挑战性的学习环境

通过"智慧校园"平台,实现信息技术与中学学科教学的深度融合。推动学科教学方式的变革,重点在"智慧校园"背景下研究教学交往策略、学生学习策略、教学管理策略和课堂教学评价策略,如讲述行为策略、对话教学策略、自主学习策略、教与学资源的推送策略、课堂讨论策略、课堂练习指导策略、因材施教策略、课堂问题行为管理、学生学业成就评价策略、发展性评价策略及教学中师生交往策略等。

建成集教育教学、教学管理、学生管理、教学服务由校内到校外，双向高速的数字化网络，保证有可靠的数字化硬件技术支撑系统。对学校已经建设好的 Web 站点精心策划、制作，不断更新并构建个人云平台、个人云桌面、个人云空间。尤其要做好积累、整合、管理、维护、优化内外部数字化信息的现代化管理，逐步形成高端教与学服务，动态编织学校数字化、智能化日常教学管理。

一、理论和实践的意义

学校是在全国教育"十四五规划"、教育信息化 2.0 行动计划，以及新课程新高考改革的综合背景下，从实际出发，通过课堂观察、数据采集、分析研究等方式提出的信息化与教育深度融合的教学模式，具有一定的理论和实践意义。

（一）理论意义

联合国教科文组织在 2005 年提出教师的教法与技术整合能力发展需要经过起步、应用、融合、创新四个阶段，也即目前我国教育信息化推进的四个阶段，从当前形势看，我国教育信息化已经从"应用"阶段向"融合""创新"阶段进行深度推进。学校把智慧校园的建设作为信息化建设的抓手，把信息化与教育教学深度融合作为信息化建设的内涵，通过收集师生教学过程的数据，立足校本课堂教学，探索出基于智慧课堂的中学学科教学五大策略，充分关注了智慧环境下新技术与学科教育教学的融合创新，对课堂教学的课前、课中、课后全过程，对教师、学生、学校进行全角度的深入研究，为教育信息化的融合创新提供了一定的理论依据。

（二）实践意义

学校可以基于大量的理论研究，结合对课堂教学过程和学生学习过程的观察和研究，总结出教育信息化与教育教学深度融合的五大教学策略。目前学校的实践情况反映出，五大教学策略能有效提升师生的信息化素养，提升教师新技术的应用水平，激发学生的主动学习兴趣，促进课堂互动，改善教育教学质量。基于智慧课堂的中学学科教学策略是对传统教学策略的不足提供的补充,具有一定的实践意义,为今后的信息化深度融合创新提供了参考价值。

二、构建智慧平台教学策略的背景

党的十八大以来,党中央更加明确地把"立德树人"作为教育的根本任务。这个目标的确立不仅催生高考的变革,更促进培养和塑造人方式的变革,学校教育教学环境在近几年已经发生显著进展。从数字化到信息化再到"智慧校园"的建设,对教师的要求也日益提高,教师作为专业人士,更需要一个平台来推动自身专业成长,我们越发感到教师应成为认知心理学、教学法及信息技术的融合专家。从传统教学看,教学没能以解决知识重难点为主,关注每个学生心有余而力不足,传统课堂更多的是线性课堂,而智慧校园追求的是互动课堂,因此在教学策略上必然有所不同,由此开展的研究活动可能会发现新的教与学规律。

智慧校园是在大学首先提出并实施构建的。2010 年,在信息化"十二五"规划中,浙江大学提出建设一个"令人激动"的"智慧校园"。这幅蓝图描绘的是:无处不在的网络学习、融合创新的网络科研、透明高效的校务治理、丰富多彩的校园文化、方便周到的校园生活。简而言之,要建设一个安全、稳定、环保、节能的校园。"智慧校园"的首要目标,也正是通过物联网技术,连接校园网中的各个物件。从技术上来说,涉及用 RFID、二维码、视频监控等感知技术和设备。智慧校园的研究背景主要有:物联网、云计算和移动互联网三大信息技术的应用。所谓"智慧校园"是指利用云计算、虚拟化和物联网三大信息技术应用来改变师生和资源交互的方式,将学校的教学、科研、管理与校园资源和应用系统进行整合,以提高应用交互的明确性、灵活性和响应速度,从而实现智慧化服务和管理的校园模式。"智慧校园"首先要有一个统一的基础设施平台,要拥有有线与无线双网覆盖的网络环境;其次要有统一的数据共享平台和综合信息服务平台。它的三个核心特征:一是为广大师生提供一个全面的智能感知环境和综合信息服务平台,提供基于角色的个性化定制服务;二是将基于计算机网络的信息服务融入学校的各个应用服务领域,实现互联和协作;三是通过智能感知环境和综合信息服务平台,为学校与外部世界提供一个相互交流和相互感知的接口。智慧校园应用事例:移动智能卡开门、借书、考勤、消费、吃饭、智能预约教室、电子围篱、识别系统、无线校园、访客系统、学校教科网等。

21世纪人才培养过程中，学校需面对信息技术与教育融合两大挑战。首先，学校教育信息化面临的挑战包括学校信息化系统信息孤岛（技术架构、业务流程、数据系统）的存在；教育信息化没有明显提高教育质量和教育效益，甚至出现信息技术对学校教育的无力感。其次，面对互联网一代学生的挑战。在网络环境下成长起来的学生在学习兴趣、学习方式、学习策略等方面跟上一代明显不同，他们更喜欢信息技术、更依赖网络、更习惯于碎片化的学习方式。我们应该创造什么样的教学环境，提供什么样的教学方式来实现教学？最后，面对21世纪人才培养的挑战，联合国教科文组织提出21世纪人才需具备三大技能：学习与知识创新技能；生活与工作技能；信息、媒体与技术技能。世界各国都聚焦教育信息化、信息技术与教育融合以推动智慧校园建设。因此，这是信息教育发展的一个趋势，也是信息教育发展的新阶段。

综合《现代汉语词典》中关于教学、策略等词汇的解释，教学策略是为达成一定的教学目标，根据特定的教学情境发展而制定的教育教学过程的方针和方法。在各种文献中对教学策略的解释各不相同，但也存在共通之处，即各种解释中教学策略均含有教学目标和教学情境两大要素。策略更加倾向于教学内容的组织、教学方法的选择和师生行为的规范。教学策略往往被人们认为等同于教学方法、教学方式、教学方案、教学模式。但要注意其中的区别。在研究教学策略的过程中应当注意包含教学的元认知过程、教学调试过程和教学实施过程等教学策略的核心过程，同时关注教学策略的指向性、操作性、综合性、调控性、灵活性和层次性等特点。目前，教学策略按照教学活动的主要因素可以分为方法型策略、内容型策略、方式型策略和任务型策略。方法型策略基于教学过程中的众多方法呈现教学内容，激发学生学习的兴趣，常指探究性策略、学习性策略和讲授型策略；内容型策略基于教学内容的实体和内在的逻辑结构，实施教学过程的步骤和方式，又可分为直线式、循环式、分子并合式等策略；方式型策略基于师生活动方式的不同，分为集体教学策略、个别学习策略和小组学习策略；任务型策略基于创设学习任务的不同实施教学过程，通常指练习性策略、讲解性策略、实践性策略等。

总之，中学学科教学策略在"智慧校园"这个平台新的生成和建构，必然会全面、正确引领学科教学方式的变革，"智慧校园"不是仅仅靠技术的单方面推动，而是要从本质上促进中学各学科教学的深度发展。目前看来，我们研究的学科教学策略是在"智慧校园"建构的基础上，不仅在于"智慧校园"基础设施的建设,还在于教学方式变革、教育教学资源应用和开发方面的价值。创设"智慧校园",将会有效提高学校学科教学水平,优化课堂教学策略,提高学校的整体管理水平,从而促进办学水平的提高。

三、培育创新性的教学环境和创设挑战性的学习环境

普通中学作为知识传授场所在提高学生创新意识、实践能力方面存在一定的限制,这就需要学校的社会教育功能进一步加强,以不断满足人的自身教育的需要。"智慧校园"是以校园网络为背景的集教、学、管理、娱乐为一体的一种新型数字化的工作、学习、生活环境。其建设的价值在于更多更好地为学校学科教学的方法策略提供现代化模式和平台,为学生创造一个开放的文化氛围、一个较完善的教育教学环境,使教师把更多的注意力放在学科教学的最优化,培养学生主动学习研究、终生求知的能力上,促进学生身心健康,提高自身素质。通过互联网与外部世界,以及社会的物质生产和知识生产建立十分广泛而又深刻的联系,让学生生活在一种准社会的实践环境之中,互相接触、互相交往、互相启发、互相讨论、互相帮助,思想的火花不断迸发,不断碰撞,不断整合,激发潜能。

首先,培育了创新性的教育环境与挑战性的学习环境。实现了校园Wi-Fi全覆盖,班班配备 SMARTBOARD 电子白板;实现教师和学生人手一个教学平板,运用移动教学、交互教学、社群学习等全新教学模式;引进"作业平台",学生的学习将基于大数据的统计和智能分析,促进构建基于微云服务器的智慧课堂;"人、物、校区功能系统之间无缝连接与协同联动的智能自感知、自适应、自优化"的智慧校园粗具规模。

其次,学科教学与教育信息化深度融合进入多维度,提炼出五种基于"智慧校园"的普通高中学科教学策略:学习进度条教学策略、留白教学策略、挑战型任务教学策略、社群学习教学策略、平台教学策略;在素质教育的倡导下,许多课程都与思政教育进行了融合,越来越多的教育工作者开始认识到教育不仅是传授知识那么简单,还要让学生在学习本门课程的过程中,学习到被社会普遍认可的价值观。高中政治教师在为学生介绍政治原理时,可以通过创设情境为学生传递正能量,为中学生沉闷的学习生活增添色彩。例如,在学习中美关系时,教师可例举一些政治性质差别极大的事例进行对比。比如美国总统大选问题,教师可借用融合媒体再现这一现象为学生讲明"适度原则"的重要性,让学生能够理性地看待生活中的变

化，避免矫枉过正。

四、微时代下中学政治教师校本研修策略微创新

截至 2020 年 9 月，腾讯微博月活跃用户数已达到 5.11 亿，日均活跃用户数超 2.24 亿[①]，中国成为世界第一微博使用大国。微信月活跃用户均超 8 亿，覆盖了 90％以上的智能手机，已经成为全球社交软件的领跑者。从微博、微信、微小说、微电影、微故事、微话题、微报纸，到最近炙手可热的微论坛、微课堂、微情感、微旅行、微阅读、微公益、微政务、微访谈等，简直是"无微不至"。中国已经进入了一个微时代，我们所说的微时代是指在"互联网＋"条件下的微信、微博、微媒体等作为传播媒介代表的信息技术应用特征的时代，其特点是精练、快速、吸引眼球。在这个"微机四伏"的时代背景下，作为"擎旗手"的中学政治教师，如何立足新时代重"微观"，推进"微教学""微教研"工作常态化，结合研、训抓"微机"，实现中学政治教师校本研修工作的与时俱进？

（一）微时代下中学政治教师校本研修面临的挑战

在微时代下，以学校为阵地、以教师为主体的研究和培训的校本研修，尤其有助于中学政治教师的专业成长，它是基于学校、为了学校、发展学校，满足教师的需要，通过研究解决老师教育教学过程中遇到的"微问题"，提高课堂教学水平和教研能力，提升教师育人的素质，激发教师"微学习""微创造"的热情，有助于创造良好的校本研修"微"生态，让教师在"微工具"中同伴互助，在个体反思实践中实现专业发展。

微时代给中学政治教师研修带来了深刻的变化，促使他们情感、思维行为习惯的变革。当前中学政治教师具有鲜明的时代"微烙印"。面临这样的"微调"：个人需要重心"微调"，即从传统的单纯授课信息资源和面子需要为主向教师专业发展和学校内涵提升需要为主的倾向转移。当前，教育部门非常重视智慧校园和智慧课堂的构建，教育教学现代化建设形式多样且有吸引力，能有效提高教学的有效性和精准性，其有利于基于信息技术的因材施教。这些现实情况使得不少中学政治教师感到借助"微教研"

---

① 2020 年微博用户发展报告［EB/OL］.（2021-03-19）［2021-05-06］. https://www.iyunying.org/seo/dataanalysis/241770.html.

"智慧课堂"有奔头,既能得到课堂实惠,又有教学策略发展空间。以上迹象表明,微时代背景下传统单一的校本研修模式已经滞后,微时代中学政治教师创新校本研修已经来临。

(二)微时代下中学政治教师校本研修的问题分析

随着中学政治教师走进微信、微博、自媒体等大众传媒的微时代到来,"互联网＋教育"促使教育领域的变革,也为中学政治学科的教师开展以校为本的研修带来了严峻挑战,主要体现在以下几个方面:一是传统的中学政治教师校本研修方式显现短板效应。传统的中学政治教师校本研修方式缺乏创新性,研究新情况、新问题不够透彻,开展活动单一缺乏活力,在中学政治教师校本研修方法中,常以读报、讲座等方式来学习十九大精神和习近平新时代中国特色社会主义思想。同时不分对象、群体、学科,无论是小学品德教师、初中道德与法治教师,还是高中思政教师都是一样地学习,很多学校的政治教师校本研修停留于疲于应付教育督导检查的状态,校本研修"来时一阵风,过后了无痕",存在形式化和边缘化现象。二是中学政治教师教育理念亟待创新。微时代派生出了"微课""微实验""微沙龙""微培训""微采访"等,不变的传统教育方式已经不适应微时代的要求。政治教师需要与时俱进,一切以时间、地点、条件为转移,牢固立德树人和以学生为中心的理念,抢占微阵地,打造教育"微"品牌,提高教育"微"效果。三是中学政治教师网络研修有待完善。由于中学政治教师校本研修经费有限,且信息网络化基础设施建设投入较大,许多政治教研组建设跟不上时代的步伐,信息化程度难以提高。此外,信息网络还存在重复建设的问题,信息传播媒介的主体互不共享,资源整合不合理,各个学校之间缺乏有效的沟通。传统的中学政治教师集中校本研修载体受到地点的制约,存在大、散、单一化的短板现象,而在微时代下的"微工具"能够让党的声音快速直达师生,中学政治教师这种"微主题"的自主研修能随时随地开展正面自我教育和与时俱进地弘扬社会主义核心价值观。

(三)微时代下中学政治教师校本研修的微创新

鉴于以上"微情",学校政治教研组应以观念更新为先导,以学习习近平新时代中国特色社会主义思想活动为契机,推进教育教学现代化工作常态化,探索微时代中学政治教师校本研修"微创新"。

1.抢占媒体"微阵地"，构建校本研修"微渠道"

微工具与校本研修相结合是教师学习内在动力与外在信息平台推力相结合的培训。微博、微信等微工具是网络新生物，是网络新兴媒体，也是社会思潮、意识形态博弈的主阵地。政治教师的校本研修推动整个学科教研组不断自我教育、自我管理、自我反思、自我服务，通过学科组微信群内部唤醒推动教师个体必须适应微时代的要求，契合微技术闪电式发展势头，快捷获取党的最新理论成果。微博、微信等微工具为学科教研组提供丰富且有针对性的学习资源和便利的学习方式，为校本研修提供更高的平台，更宽广的视野，从外部引导和推动教师研修向更高水平发展。学校和教研部门必须构建"微渠道"，使用微工具记录党和政府的微声音，研修探讨党的理论新观点，通过集体备课方式让习近平新时代中国特色社会主义思想入脑入心入课堂。中学政治教师努力通过信息技术与政治学科教学的深度融合创新，占领媒体"微阵地"，打通中学政治教师研修"微渠道"，并持续推进"二次培训"的正能量活动，构建一套协调有效的运行机制，确保专家的示范引领作用、学科指导的传帮带作用，增强思想政治教育工作的实效。此外，在校本研修中需要建立群主、博主、群员的评优评先体系，通过激励措施，激活研修个体的正能量，让学科教师研修活力竞相进发，让培训的正能量充分涌流。

2.提高坊主"微参与"，加强懈怠教师"微干预"

学校教师工作坊是一种教师校本研修的微创新，教师们在网络工作坊中聚焦于教学问题。学校可以按照教师的实际需求实施培训，帮助全体教师坚持不懈地学习，让教师有更多的参与，加强了部分懈怠教师的"微干预"。为解决校本培训针对性不强、方式单一等问题，教育部在 2013 年下发了《教育部关于实施全国中小学教师信息技术应用能力提升工程的意见》，2014 年 3 月颁布文件《网络研修与校本研修整合培训实施指南》，文件指出"依托教师网络研修社区，实施网络研修与校本研修整合培训，创新教师网络研修模式，建立校本研修常态化运行机制"。教师工作坊成员包括坊主、辅导教师、观察教师和被观察教师。坊主由学科名师、教研员或骨干教师担任，在坊主的引领下针对教学问题或教育主题开展共同探讨、提升自我活动，通过分享、协作、交流等方式相互促进、共同提高。目前，国内已有不少学者对教师工作坊这一研修模式进行探索。

3.树立网络"微领袖"，塑造政治教师"微形象"

微时代也是自媒体时代，人人都有自己的金话筒，政治教师掌握的话语权就显得尤为重要,在中学校本研修活动尤其政治理论学习中往往能起到引领示范作用,要让政治教师成为学校师生研讨时政热点的"微领袖",他们在提前自学理论哲学前沿过程中获得先行先试的时代感悟和思想,努力为师生学习党的最新理论成果释疑解惑,引领学校师生成为学习习近平新时代中国特色社会主义思想新榜样,通过注册官方微博、官方微信塑造中学政治教师正面的"微形象",从而完善中学网络校本研修新模式——线上互动展示。网络研修、线上互动正日益成为校本研修的有效方式之一。教师的校本研修平台,要求政治教师线上互动展示,实现了校本研修多种功能:教师可随时撰写、上传文字,教师个人教育资源的跟进式积累得到了实现。教师与学生、教师与教师可随时阅读彼此的博客,师生之间知识交流与良性互动成为可能,教育资源共享变成了现实。政治教师可以随时对学生的博客进行跟踪点评,平台自动统计师生发表博客的篇数,教师对学生的软管理发挥了作用。政治教师"微形象"在某种程度上就是"微领袖"。

4.创新网络"微课程",探索因材施教"微研修"

教师校本研修一般采用面授方式,大部分中学政治教师存在抵触心理,原因在于无法做到因材施教,微课程结合互联网云空间实现了微课与教师个性化疑难问题的无缝对接,满足了教师自我观察、自主学习的需要,针对有学习困难的课程内容有的放矢地点击学习,促进了教师研修方式的变革。这种学习方式不是班级授课方式,而是基于互联网的"圈子"学习或者个性化学习。从研修角度看,中学政治学科教师运用现代教育信息技术与学科教学深度融合创新,有时可以通过"微工具"推送或发布"微课程",充分开发了课程资源,提高了教学质量。可见,这种研修方式是有效、高效的。如"三会一课"(即校级研讨会、教研组会、集备会、研究课)是中学政治课教学水平的提升平台,微时代下的学科教研组建设需要中学政治教师感受时代脉搏,开展政治教师的"微研修",建立微信群和微课资源库等,这既保证教研组建设的力度不减,又能让思政教师接受校本研修的常规动作。

5.整合平台"微研修",推动培训模式"微应用"

网络平台是开展中学校本研修的重要载体,是教师研修的网络集中地。如福建省教育资源公共服务平台、福建省中小学教师远程培训中心等。通过网络平台"互联网＋培训"是中学校本研修的发展趋势,它既改变了培训者的教学模式,也推动了教师学习模式的转变。学校采取的主要方式:一是将信息技术应用能力与教师资格定期注册、评聘、考核、晋升和奖励相挂钩,从学校管理制度上为推动网络校本研修模式的应用打下坚实基础。二是通过整合研修示范课评选、信息技术与学科融合成果比赛和优秀课程征集等活动,大力宣传网络校本研修整合培训模式的优势。三是加快校本研修资源库建设,搭建优质资源库服务共享平台,鼓励研修教师上传自制课例持续充实校本研修资源,为研修教师提供贴近实际的研修案例。探索建立研修整合创新实验校,不断推进研修整合模式深入发展。

6.制定绩效"新标准",缓解工学"微矛盾"

教师绩效工作量是衡量教师工作情况的重要尺度。绩效工作量除了包括常规的教学、备课、作业批改、自习辅导、行政事务等方面外,可将网络校本研修等教研活动纳入工作量统计,教研活动是对日常教学过程、教学目标、教学评价、教学管理的探讨、研究、反思和提升。有效的教研活动能够诱发教师研究兴趣,促进教师专业成长,对学校改进教学活动和提高教学质量也大有裨益。反之,教师只能依靠个体力量支撑其成长,整个学科乃至学校都会因为缺少研究团队和教学实践研究而难以得到质的提高。通过学校管理的科学化,将网络校本研修整合培训纳入工作量统计,赋予教师更多的空档时间用于研修,才能有效减少工学矛盾,提高教师研修积极性,提高研修质量。

因此,微时代下中学政治教研组要充分利用微博、微信等平台,创新网络"微课程",探索因材施教"微研修";抢占媒体"微阵地",构建校本研修"微渠道";树立网络"微领袖",塑造政治教师"微形象",中学政治学科建设才能永葆青春活力,中学政治教师校本研修才能取得实效。

我们探索出互联网、大数据、云计算、区块链等技术背景下的智慧校园学科教学策略,丰富和完善信息化背景下课堂教学设计方式,改善课堂结构、强化师生互动,激发学生主动学习兴趣,提升课堂效率,使得课堂形成民主、互动、和谐的交流教学。通过问题的研究和师生信息素养和创新能力的提升,带动学校教学信息化建设水平的提升,推动教育信息化与教育教学深度融合。同时为广大中学开展信息技术与教育教学深度融合提供可借鉴的经验,为教育信息化在中学课题中的实施和落地提供有利的指导,丰富了中学学科教学策略。

第二节　智慧策略创新催化思政课释放正能量

一、思政课智慧策略创新的前提和必要准备

一所学校围绕教师现代化教学能力的提升和学生适应未来能力的养成,智慧策略创新催化思政课"释放"正能量,至少必须经过以下几个阶段的实践。

第一阶段:以硬件建设为起点,初步构想智慧校园。

学校建设主旨是高标准引进最新的信息化互动教学设备。学校通过外出考察,咨询教育专家等方法,初步形成建设"智慧校园"的原则和指导思想,顶层设计、有的放矢、整合统一的金字塔结构,构想智慧校园全环境建设与教育教学的深度融合。

学校可以尝试从解决校园中食堂的用餐需求和宿舍管理要求等问题入手,通过与科技公司合作,设置校园一卡通,解决校园消费和宿舍的管理问题;同时在所有行政班级中装备一体机白板,全面推行最新的现代化教学工具。

变革时代的是技术,引领时代的是思想。教育信息技术在课堂教学中的优势并不是自然而然就能体现出来的,需要教师将信息技术深度融入日常教学中,树立教育新观念。校领导班子抓住时机,树立典范,在全校推开信息技术与学科的深度融合。在教育培训中,我们要有针对性地提出新思想政治教师倍速成长计划、青年思政教师拔尖计划、骨干思政教师卓越计划,开展层次化信息培训,并不断创新教学方式和策略,让教师初步尝到教育信息化、现代化对教学创新和提升办学质量的甜头。

第二阶段:从"一路两环境"构建校园新生态,并探索相应教学策略。

"一路两环境"教育新生态的构建。"一路两环境",即一条基于信息技术的现代因材施教道路,培育创新性的教育环境与挑战性的学习环境。

智慧校园的应用系统建设目标是,建设成为教育信息化的生态系统。生态系统最核心的要素是"关注人的发展——以人为本"。个人学习空间

是生态系统的"基本细胞"，团队组织是"协同组织"。"细胞"与"组织"的活跃程度对系统的自生长机制起着至关重要的作用。在硬件建设粗具规模的基础上，学校以新一代信息技术和智慧应用为支撑，在专家的支持和指导下，学校以多学科同时推进研究的方式，深度探讨和实践智慧校园建设与学科教学深度融合等问题。

首先，我们应着力于思政教师对智慧校园的内涵理解。经过专家引领和学校老师集体探讨，我们认为：智慧校园是一种能产生丰富的教学育人数据，实现方便互通的教育信息，生成先进的教育知识，具备智慧教学、智慧管理和智慧环境的全新教育生态系统。即智慧校园能实现课堂教学和学生综合评价的智慧化、校园业务管理与综合决策的智能化、校园物联网和互联网的智行化。

其次，在智慧校园中，思政教师可方便地利用个人业务空间进行教、学、研活动，系统能够有效地捕获和沉淀信息。协作空间组织好后，信息就会逐层聚类并流动起来，实现信息资源的良性循环、动态增长。资源支撑业务开展，业务开展生成动态资源。思政教师应成为信息的链接者、学习的诊断者、知识学习的组织者，能够将学生固有的信息与新信息建立起畅通的网络链路，让学生感受到思政教师提供的信息有利于自己的成长；对于学生的学习效果，能作出明确的判断，并指出学习的漏洞和努力的方向；能有效地组织学生个体和群体的学习，充分利用各种新工具、新平台，让学生充分地讨论，发展自我。

建立校园统一身份认证。通过建立校权威的用户信息，提供基于目录的高效的认证服务，对各类应用采用不同方式进行认证集成，实现用户采用一套用户名和密码即可访问不同应用系统的效果，在 WEB 应用中，用户登录智慧校园时，须经过统一身份认证网关的身份验证。通过验证后，用户进入智慧校园门户以及其他应用系统，无须重复登录即可在应用间漫游。同时基于分级授权可有效控制用户对不同系统的访问操作权限。统一认证系统通过提供统一的认证服务、授权服务、集中管理用户信息、集中审计，在保证系统整体安全性、可靠性的同时，为各级用户使用软件功能和信息资源带来很大便利。校园身份认证及授权管理平台示意图见图4-1。

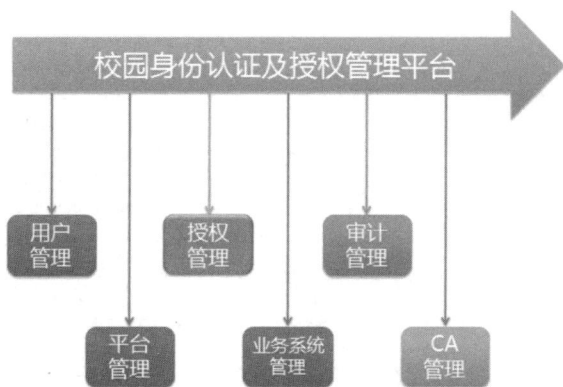

图 4-1 校园身份认证及授权管理平台

综合知识管理系统:为各类应用奠定基础,示意图见图 4-2。

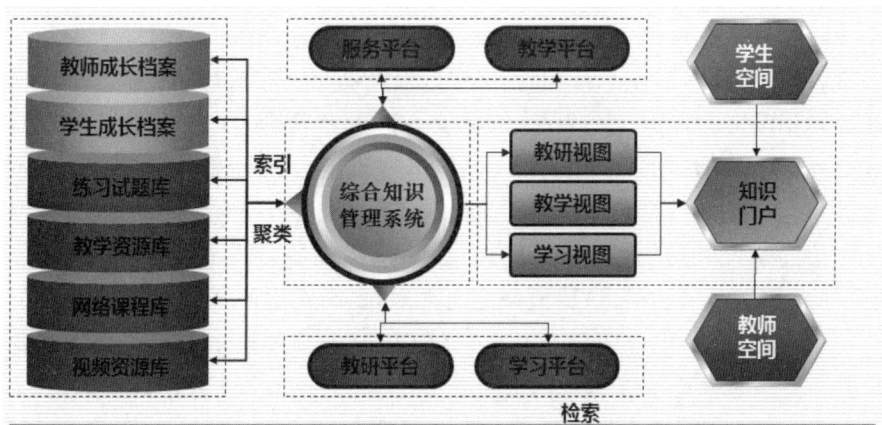

图 4-2 综合知识管理系统

把思想政治学科的知识点通过信息化手段以不同的多媒体表现方式(图片、文字、试题、视频等)储存在"综合知识管理系统"(知识仓库);通过教学平台、学生学习平台、教师教研平台构建信息化生态环境,使"教师与教师之间"协作交流,打通思政教师与各类资源的联系,保留思政教师专业成长轨迹,搭建校级思政教师专业发展支持体系,带动全市其他思政教师共同成长。教师与学生之间,突破传统课堂局限,线上线下对学生进行分层次点对点教学,为个性化教学提供手段,建立学生成长档案。学生与学生之间自主学习,相互分享,共同进步。

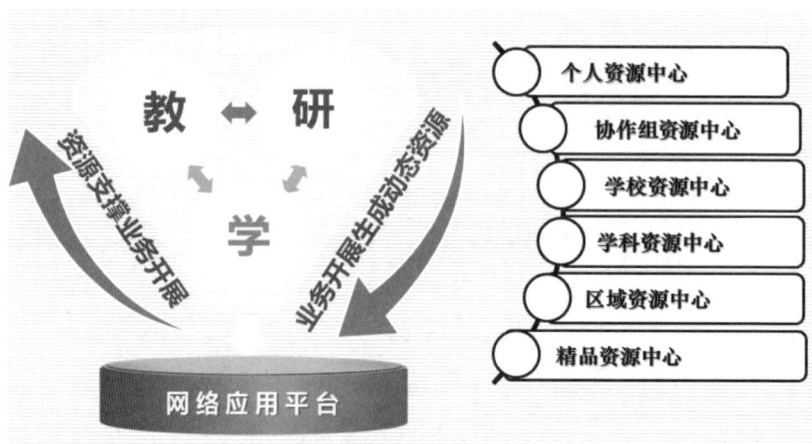

图 4-3　生成本地化优质教育资源

电子智能一体机建设。学校要把智能一体机覆盖全部班级和实验室。学校教科室通过培训、竞赛、公开课等活动，把智能一体机使用深入教师的日常教学，大大提升了思政教师学习的积极性，让参与者为了提升某种实践性知识与能力而聚集在一起；以智能一体机专职讲师指导、同事互助、自我反思等多种形式的培训活动，不断提升和促进思政教师对智能一体机技术的掌握和应用。在教学上，智能一体机创设与教学内容适用的情境，激发学生的学习兴趣；化抽象为直观，帮助学生理解教学难点；化静态为动态，增强学生的感性认识；从消失走向再现，提高学生的学习效率。

第三阶段：突出应用驱动和协同创新，形成学科教学与教育信息化深度融合的五大策略。

学校以"整合统一"为原则，实现资源整合、信息共享、统一平台。学校与××科技公司合作，引进两个智慧课堂作为试点，这两个班级的思政教师和学生人人一台平板，教室里装有微云服务器，可以链接到互联网中，又可以形成局域网，教室还配备一体机，增强教学的互动性。在这样的教室中，思政教师可以随时调用云平台中的微课、图片、新闻，让学生在不同媒体中进行过渡，实现变换项目的留白，同时思政教师在课堂中推送小测、发起时政讨论，实现启发性留白和领悟性留白。引进"智学网"考试系统，实现了移动阅卷、智能批阅和学情数据化分析的目标。可以自主研发电子化错题集或整理助学 APP，将全校的校本作业和练习进行电子化，每位学生一个账号，要求学生通过手机或电脑收集错题，制订复习计划，打印错题，重新消化。利用平台具有知识点分析和统计功能，思政教师可以通过个人账号登入,查看某一班级某次作业错题收集情况,及时掌握学情,有针对性地进行讲评。由此,探索出了平台教学策略。

同时,根据教育节律原则,我们认为,预习、听课、复习是一种教育节律,单元考、期中考、期末考也是一种教育节律。教育节律客观存在,按照教育节律的正常运转机制安排教育、教学活动,会有利于教育、教学质量的提高,促进学生全面发展。因此,通过智能平台助手,让学生和思政教师能更科学地感知教育的节律,合理高效地安排自己的学习。学校将其有针对性地推送到学生的终端,让学生不再单纯地刷政治题做作业,而是高效地完成任务型的作业。

第四阶段:智慧校园初现,成果辐射推广激发思政正能量。

学校可以对各年级政治校本作业进行电子化采集,建立学生个人政治作业档案,采集每一次校本作业数据,教师进行网络批阅,系统对每一题进行知识点分解,对学生作业的正确率进行统计分析,然后反馈给学生。学生根据每天反馈的信息就能掌握自己的学习进度,对于还没有掌握清楚的知识点,进行查缺补漏,完成自己的学习任务,形成自己的学习进度条。智慧课堂实现教师和学生人手一个教学平板,移动教学、交互教学、社群学习等全新教学模式出现,初步构建了智能开放的教育教学环境,深刻改变了师生与学校资源、环境的交互方式。

二、提炼五种催化思政课"释放"正能量的策略创新

学科教学与教育信息化深度融合的五大策略。提炼出五种基于"智慧校园"的普通高中学科教学策略:留白教学策略、学习进度条教学策略、挑战型任务教学策略、社群学习教学策略、基于平台的教学策略。

(一)留白教学策略

"留白"起源于艺术和书画作品中,在中国画中尤为常见,是创造者为了让作品更加协调精美,同时扩大作品的意境,达到形象的延伸而故意留下的空白。音乐作品的"此处无声胜有声"也是留白的一种表现形式,让欣赏者自己去想象、品味、思考,激活了听者的创造力和参与感。留白运用到教学中则形成"留白教学策略",指的是教师作为一堂课的创造者,为达到某一效果,在课堂实施过程中有计划、有意图地留出时间和空间,激发学生的创造力和参与感,利于学生消化课堂知识,主动构建知识的一种教学

策略。

1.智慧校园与教学留白策略

(1)智慧校园下的思想政治课教学策略现代化。基于大数据背景下的因材施教已成为可能。因为，智慧校园的云计算、虚拟化和物联网等新技术改变了学校的教学方式，从而对思想政治课教学产生革命性影响，基于智慧校园背景下的因材施教具有可能性和必然性，思想政治课教学策略发生了重大变革，实现信息技术与学科教学的深度融合，促使学科教学方式变革，教育教学资源推送、应用和开发，形成有效的教与学策略，转变学生的学习方式，重在把课堂向学堂转变。思想政治课教学与现代信息技术密不可分，可以从三个方面实现教学策略现代化：一是建立思想政治课学科数字云，实现教学资源推送、应用和开发。二是思想政治课学科备课电子化，采用翻转课堂教学方式。三是思想政治课教学信息化，把课堂向学堂转变。同时，为了促成学生由班级授课学习向基于网络的"圈子"学习和个体学习发展，我们必须探索基于智慧校园的小组合作与自主学习，培养学生探求精神。

(2)智慧校园下教学留白策略的心理学依据。教学留白策略何以能助力思想政治学科教学？"留白教学策略"得以在课堂中实施的理论基础来自著名心理学家蔡格尼克发明的"蔡格尼克效应"，也称为"未完成效应"。1927年，德国著名心理学家蔡格尼克开展了一个实验：将22种不同的任务分配给32名测试参与者，他将测试者分为两组，一半测试者要求规定时间内完成工作，另一半则中途阻止，不允许完成工作，两组人员没有事先告之，随机阻止未完成工作的测试者。实验完成后，他让所有的测试者回忆刚才做了哪些任务，调查结果显示未完成任务的测试者回忆起来的占68%，完成任务的测试者回忆起来的占43%。因此他提出：人们对于已经完成的任务的记忆没有未完成任务的记忆好。这种现象后来被人们称为"蔡格尼克效应"。从心理学角度解释是，人们对于一件事的心理紧张系统是否接触联系着人的记忆系统，人们对于已经完成的任务心理紧张解除，随之记忆效果减退，而人们对于没有完成的工作所引起的心理紧张没有减轻而保持着记忆。因此，"留白教学策略"可以通过未完成心理的存在加深学生对课堂知识的理解，启发学习的潜力，助力智慧校园下的因材施教。如课堂留白教学策略使现代信息技术与思想政治课进行深度融合创新逐渐成为教师的自觉行为，通过网络在线学习、微课、慕课、智慧课堂、翻转课堂等信息技术建立起来的教学模式，满足了学生个性化、多样化、可选择的学习需求,这样的留白教学策略促使学生基于网络技术的自主学习与合作探究,形成自主学习习惯,培养学习兴趣,大幅度提高思想政治课的学习效果也就成为可能。

2.智慧校园下思想政治课教学留白策略的构想

在智慧校园下,信息技术与思想政治课深度融合的留白教学策略可以有效助力学科教学,留白是为了让学生利用网络平台去思考、去阅读、去构建知识、去自主探究。基于智慧校园,教师可以采用多种形式的留白教学策略,可以留白在课前预习、课中探究和课后补救。如网络课堂教学中BBS留白、对话互动设问中留白、APP软件追问思考中留白等。

(1)课前预设的教学留白策略。

根据加涅的以"学"为中心的教育理论,在进行具体的一堂政治课的教学设计过程中,应当以学生作为各个环节或要素的出发点,让"时政问题或哲思问题串"贯彻整个课堂教学,成为课堂的主线,特别是将学生的经济、政治、哲学疑惑进行归类,形成课堂问题驱动政治教学,学生会更加关注思想政治课堂。基于智慧校园的课前留白更多体现在思想政治课堂的翻转上,课前预习是教师授课的重要环节之一,学生带着问题通过课堂翻转预习在线学习知识内容与体系,特别是在预习网络作业中加入"我的疑惑"栏目留白,准备好听课的重点和预习产生的经济、政治、哲学疑惑记录在留白空间上,即带着这些思辨问题进课堂,提高课堂听课效率。如在讲授必修四"哲学与文化"中的"辩证的否定观"时让学生列举"扬弃"的生活事例并上传到学习空间和同学分享,教师合理设计"树立创新意识是唯物辩证法的要求"知识体系配对,这样的留白在线预习作业也能有效引导学生自主学习,通过信息技术让学生充分利用了碎片化时间,随时随地可以了解整堂课的政治学科基本知识和基本逻辑,同时能触发思考形成问题,让学生在课堂有话可说。这种在智慧校园中的思想政治课教学留白策略模式是:教师通过教师云平台推送预习留白政治学科材料,学生通过自主在线学习完成预习政治留白作业并提交,发现自己的学习问题和疑惑,教师通过智能化统计了解掌握学情,形成课堂问题引导学生进行小组合作学习。

(2)课中生成的教学留白策略。

美国教育家杜威始终强调"做中学",即将学生置于课堂实践中学,让学生在实践的过程中基于观察和思考寻找出解决问题的方法,形成反思并构建知识。教师则为学生的实践提供帮助并组织教学活动,在智慧校园中不必满堂灌,将思想政治课的时间留给学生,让学生通过自主学习、合作探究、思辨研讨等形式解决各类思想政治课学科问题,吸纳知识。教学过程中要留白时间有度,太短没有实效,过长则不连贯。思想政治课通过这种留白有利于教师从重"教"向重"学"转变,即课堂留白存在合理性的根基,教师要通过思想政治课教学情境的营造和问题的启发,培养学生情感的认同和创造性思维。具体可以通过小组报告、课堂提问和合作探究等形式开展。小组报告是在思想政治课中学生研究性学习过程中开展的,通过时政演讲、哲学辩论、文化赏析、思维演绎等形式展示对某一热点问题的研究成果,基于智慧校园的思想政治课作业可以为学生研究性学习提供资源和工具;基于网络政治课堂提问能有效地帮助教师发现学生对课堂知识的掌握情况,以及学生知识存在的薄弱环节。传统的思想政治课,教师提问,只有个别学生回答,能暴露自己的问题,而智慧校园下政治课堂的学生平板或者是表决器等辅助功能,能及时统计全部同学的学情。思想政治课合作探究活动则是通过小组合作、分类讨论等形式促进同伴学习与对话交流,智慧课堂提供充分的教学资源和便利的网络通道,推动思想政治课小组合作学习和讨论的进展。

利用网络信息感知工具和行为表达工具,教师对于留白的控制和留白的效果可以轻松地掌握,课堂中的每一位学生都能参与留白的过程,而不被教师遗漏。通过丰富的网络资源和灵活的演示切换功能,能高效地实现变换项目性教学留白。如在智慧课堂中,师生人人一台学习平板,教室里装有微云服务器,可以链接到互联网中,又可以形成便捷的局域网,教室还配备了电子智能白板,增强教学的互动性。在必修3第5课"人民代表大会:我国的国家权力机关"的授课中,政治教师可以随时调用云平台中有关"两会"的微课和图片,实现启发性留白,抛出问题:国家权力机关是如何决策的? 接着让学生自主学习浏览2019年"两会"新闻,在多重信息冲击中,实现变换项目的留白,同时教师在智慧课堂平台推送人大知识小测、发起"人大代表如何直接行使权力"讨论,学生以个人或小组为单位在网络平台提交自己的思考答案,教师根据微云服务器的分析,及时掌握全部学生的学习情况,又实现了启发性留白和领悟性留白的目的。

(3)课后补救的教学留白策略。

线上补救教学是一种有益的充分利用学生自由时间、节省学校学习思想政治时间的教学方式。思想政治课教学留白的课后补救是课堂教学的延伸、补充和巩固,更是提升学生学习参与度和学习质量的重要环节,对于课后的留白则主要集中在课后政治练习的设计上,对于不同层次的学生应当设置有难度、有梯度的政治学科作业,同时控制作业的量,将更多的时间留给学生去整理思想政治课知识体系,做错题集。而智慧校园将师生便利地联系在一起,使得教师可以推送不同层次的作业,学生可以利用工具快速收集、整理和导出错题集。

①知识补救。基于智慧校园的翻转课堂虽然是基于掌握学习理念下的教学模式,但是在实践中会造成学生学习进度严重不一的局面,甚至会造成某些知识的漏洞。这就为补缺性教学的实施提供了现实的依据。因此教师要分析查找学生的知识盲区,进行知识点的补缺,同时在完成知识的建构之后,要为学生梳理围绕该知识的知识体系,帮助学生形成完整的知识发展脉络,从而帮助学生实现有意义的知识建构。例如,不少高一学生在学习必修3"政治与法治"中"两个先锋队"时,产生很多疑问,但部分学生性格较为腼腆内向,不善于在课堂上表达自己的疑问,那么线上辅导恰好可以解决这个问题。在这一虚拟的环境下,录制微视频上传到在线补救课堂区,学生可以点击链接再学习一遍教师讲解:中国共产党是中国工人阶级的先锋队,同时也是中国人民和中华民族的先锋队。中国共产党在社会主义现代化建设新的历史时期,只有在代表工人阶级利益的同时也代表中国人民和中华民族的利益,才能最大限度地调动全国各族人民的积极性和创造性,从而更好地实现党的执政目标,巩固党的执政地位。

②作业留白。教师的主导作用在教的过程中已经根深蒂固,学生往往只完成教师布置的作业,不善于举一反三地迁移知识,作业有效性受限。如教师在讲授完高一"人民代表大会制度"后可布置作业:请联系实际区别"人民代表大会"与"人民代表大会制度"两概念,学生除了说明两者区别外,还可利用互联网研究性学习增加两者的关联,并联系实际举案说"两会"。同样,也可以设计这样的作业:请你结合今年"两会"的新闻,自创一个主观题。这种留白作业极大地扩展了学生的思维空间,学生可以毫无压力地享受自创作业的乐趣,从乐趣中体验学习,教学成效自然得到了体现。

③空间留白。智慧校园环境下的网络刷题和课后在线测试给高三学生带来很大压力,高三的思想政治作业一定要留给学生空白。目的在于让他们更好地自我反思和内化知识原理。为此,在线作业必须给学生留下讨论区或感悟空间,学生可以把课堂学习后对本节思想政治课不理解的问题进行归纳,并让教师看到学生的所思所想。据此,教师可采取思维或知识干预与该生沟通。

通过互联网实践补救性教学策略,教师能够发现并修补学生存在的知识体系中的漏洞,或者是知识应用中的误区和错误,保证学生阶段性学习的完整性。教师需要时刻铭记不同层次的学生有着不同的发展目标,需要了解学生的"最近发展区",充分运用智慧校园智慧课堂灵活多变的教学方式来满足学生的个性化发展需求,这就做到了基于信息技术的"量身裁衣"。

(二)学习进度条教学策略

建构主义学习理论所强调的是学生完成学习的过程是一个主动建构的过程,同时伴随着与同伴交流和分享的过程,从学习者自身体验来说,学习是一种"刺激—反应"的过程,即学习者在学习过程中要从认知、感受、行动、反思等过程中得到多种"刺激",才能有所"反应"。在传统的课堂教学模式中,教师是教学的中心,学生是教学的对象,教材、粉笔、黑板是教学的要素,随着时代的进步,黑板逐渐过渡为电脑和投影仪,以及发展到今天的智能白板和互动屏幕等教学元素,但在课堂教学过程中,教师仍然是组织教学过程的主导者。这些过程包括布置课前预习、组织课堂讲解、布置课后作业、批改讲评作业等。学生的学习进度完全由教师掌控,学生通常处于一种被动学习的状态,老师教什么学生学什么。从某种意义上来说,老师的"教学进度"与学生的"学习进度"是保持高度一致的,这种一致包括教学内容、测评反馈、教学形式,因此可以把这两种"进度"统称为"教学进度",教师在课程上所开展的教学策略可以称为"教学进度策略"。与本课题组提出的"学习进度条教学策略"是本质上不同的。

"教学进度策略"存在着一些不可回避的弊端。首先,课堂是一种群体学习环境,由于教师统一的学习进度,对于已经学会某些知识的学生来说,在课堂中不可避免地要重复学习已经掌握的知识,而未学会且学习力较弱的学生在课堂中跟不上进度,教师在课堂中往往只能采用兼顾正态分布中的中等程度学生的进度。基于"教学进度策略"容易造成教师与学生之间的进度不一致,出现整体进度与个体进度的偏差,导致不同层次学生学习效果无法达到较优水平。优等生为保持统一的学习进度,调整自我学习进度以适应教师的教学安排,而教师为了保持班级的统一进度,必须忽视优等生和后进生学习进度的需求。其次,"教学进度策略"的天然特征,容易减低学生学习的兴趣,因为不同理解和接收水平的学生不得不在课堂中接收同样的教学内容,教师在教学过程中也因学生水平的参差不齐而不断调整进度,导致教学效果不佳。

伴随着新技术的不断涌现以及教育信息化对教育的变革,智慧校园、智慧课堂等新环境涌现,使得"教学进度策略"可以逐步转化为学生自主学习的"学习进度条教学策略",这里的学习进度条包含两种进度即"个体学习进度"和"整体学习进度"。"个体学习进度"指的是针对学习者个人在一定的教学方式下,为完成一定学习目标,个体所呈现出的学习次序、内容和时间三者之间的动态关系。"整体学习进度"则是每个个体为完成教学设计所涵盖的教学目标所呈现出的学习次序、内容和时间三者之间的动态关系。这里要注意区分"整体学习进度"与"教学进度","教学进度"是以教师为中心的传统教学模式,教师根据班情、学情所制定的教学安排与时间表,而"整体学习进度"则是以学生为中心反映出学生学习的真实进度。教师在实施"教学进度条教学策略"的过程中,要处理好"个体学习进度"和"整体学习进度"两者之间的关系。

教学进度策略就是基于信息技术的因材施教,具体策略包括三个方面的内容:

首先,教师要从传统的课堂组织教学内容的过程中跳脱出来,转变为组织学生通过云资源、微课、慕课等多种学习资源和手段开展思政教材自主学习,同时指导每位学生对学习内容和进度做好安排。教师要在完成教学目标的过程中,时刻通过信息化手段关注学生在自主学习过程中存在的问题和疑惑,同时通过一套有效的评价工具测评学生学习的效果,发现学习进度异常的学生,通过个别学生指导和教学,帮助其寻找原因,改善其学习方法,帮助这部分学生突破学习的瓶颈,将"个体学习进度"融入班级的"整体学习进度"。

其次,从学生角度而言,学习的前知识显得尤其重要,因此课程的预习和准备工作要充分重视,即每位学生的学习进度条起点将各不相同,所谓的出发点各具特色。虽然教师设定了本门课程的学习目标,即终点,但每位"跑步者"基于个体差异,要充分认知到自身的学习特点,不应急于求成,思政教师要充分参与其中,督促和鼓励学生前进,促使学生保持良好的学习状态。

最后,教师应该根据学生的实际状况,帮助学生处理好个体和整体、快与慢、质量与进度等关系,紧密结合班级实际情况协调安排好学习进度。由于事物是动态发展的,因此教师要能灵活调整"整体学习进度",从总体上促进学生学习效率的最大化。

我们探索通过现代数据采集方式和大数据分析等手段,记录学习者的学习进度并进行分析，从而形成学习者的专属学习进度条，学习者可以轻松地掌握自己的学习进度，并作出调整学习方法和安排学习进度的决策，从而实现个性化学习目标。

（三）挑战型任务教学策略

任务型教学起源于英语教学研究，20 世纪 80 年代，博拉胡在印度开展了一项英语教学实验"班加罗尔项目"，为打破传统英语教学关于语法、句子、单词等单一内容教学弊端，通过任务的设置，将学习者的注意集中在任务的完成上，而不是使用的英语中，通过任务的实施完成语言的学习，是典型的"做中学"的一种教学策略。

博拉胡将任务分成三类：

第一种是信息差任务，指英语学习者运用英语进行交流和传递信息，即这种任务主要以完成信息的传递为主。

第二种是推理差任务，指学习者通过推理、演绎、解释等活动，从信息中获取知识，这种任务主要以完成信息的提取为主。

第三种观点差任务，指学习就某一特定情境表达个人的观点、态度和价值观，即完成知识的构建任务。

在具体实施任务型教学中，博拉胡将课堂任务分解为前任务、任务、反馈三个阶段：

前任务指的是教师对某些知识进行铺垫和适当讲解，提出本节课需要完成的任务，调动学生完成任务的积极性。

任务阶段指在课堂中以学生为主体，学生自己完成相关任务，遇到问题或困难可以向教师或同伴请教。

在任务反馈阶段，即任务完成后，无论结论是否正确，教师都应将学生完成任务的情况给予适当的反馈，促进学生了解自己的学习水平和成效，也为课程的实施情况积累相关的经验。随着任务型教学的出现和人们参与实践的热情逐渐高涨，1989 年努南出版专著《交际课堂的任务设计》，这标示着任务型教学模式的确立。努南在著作中明确将任务分为六个部分——任务目标、材料输入、活动、教师角色、学习者角色、环境，具有以解决问题和以意义为中心的特征。因为"任务型教学"具有创设真实语言学习情境、强调引入真实素材、强调以学生为中心、以学习活动表达意义为主体、鼓励学生创造性使用语言、通过完成任务来实现学习的优点，故成为当今语言教学领域的研究热点，各个国家通过借鉴此种教学模式，引进到其他学科的教学中,在教学大纲或课程标准中都有体现任务型教学。

结合各校的校情,挑战型任务教学策略应当遵循以下几点原则:

首先,教师在课程设计中所创设的任务应当来源于真实生活,贴近初高中学生的生活经验,解决生活中的实际问题,更有利于激发学生的主动学习兴趣。

其次,教师设计的任务并不是指一堂课中穿插了一两个活动,也不是指在课堂中堆积的一系列毫无关联的活动,而应当是通过一组或一个系列的任务,且任务自己相互关联,通过履行任务来完成或达到教学目标。

再次,教师在任务设计过程中,务必避免那些程序过于复杂、环节过于烦琐的课堂任务,要让任务切实可行,具有可操作性。

最后,任务型教学策略具有天然的优势,即可以通过课堂活动和实践激发学生的学习兴趣,使其主动学习,因此切勿在课堂中进行机械式的、反复训练的任务,而应当通过形式多样化、内容层次性强的方式来组织和开展任务型教学。

在教学中,学生具有强劲学习力是教学的最佳状态,是发挥学生主观能动性的显著标志,而设计挑战型任务则是一种有效的教学策略。在传统课堂中,教师普遍会注意采用挑战型教学策略,然而在课程设计过程,这个问题往往是针对全班同学共同的任务,没有注意到人与人之间的认知差异。学校教师利用信息化的手段,根据大数据的分析结果以及学生的学习进度条,基本能把握学生的学情,再根据学情的分类或知识点的分类,将总任务分为不同等级的任务,推送到每位学生的界面,这样每位学生都有事可做,都能领到充满挑战性的学习任务,完成知识的构建。

有一位政治教师在两个智慧课堂的实验班级中任教,平时除了教学任务,还有学校的行政任务,因此深感与学生接触的时候不够多,后来发现通过智慧课堂的教学平板可以与学生进行网络上的联系,因此一开始就向同学们推送一些时政相关的好文章、新观点。学生们不断提交自己的学习反馈后,就有了一定的基础数据,他根据数据的采集,开始将不同的材料推送给不同的学生,将一些深奥难懂的时评文章推送给班上学习成绩较好的学生,将一些典型时政分析推送给学困生,这样每位学生都能领到适合自己的任务,轻松地完成时政的学习。

(四)社群学习教学策略

所谓的社群学习是让有着共同兴趣和学习目标的人员通过多种方式

聚集在一起,围绕相同的学习内容进行讨论和互动的一种学习方式。这种聚集可以是实际的面对面讨论,包括班级授课、沙龙、研讨会等形式,也可以是通过网络空间构建的贴吧、微信群、QQ 群、问吧等多种形式的学习社群。随着互联网技术的不断完善,人们实现跨地域的社群联系变得更加方便,网络社群方式成为教育信息化背景下学生互相沟通学习的新的学习形式。

按照学习内容的不同,社群可以分为三种类型:

第一种是为了共同的学习目标和学习内容把大家聚集在一起进行交流互动,达到学习知识的目的。

第二种是大家有着共同的兴趣爱好,通过社群聚集在一起进行切磋交流,丰富兴趣的内容,提升兴趣的内涵。

第三种是大家有着共同的任务需要完成,通过社群的形式完成任务的分工、研讨和交流,例如研究性学习和综合实践活动课等。

在社群学习过程中,最主要的过程是交互,交互的内容包括信息、资源和情感认同。交互的方式可以分为同步交互和异步交互。同步交互指的是社群个体时时参与交互的过程,例如课堂讨论、小组研讨、视频会议等;异步交互是指利用互联网的便捷实现异地非实时交互,例如论坛、问吧等形式。在社群学习的过程中,可以实现学习者角色的转变,从知识的被动接受者和被灌输者转变为群体相互教育和自我教育的参与者。

社群学习是在智慧校园背景下对课堂学习的有效补充和突破,其表现在:

第一,社群学习是对课堂教学知识的必要补充,众所周知,课堂教学是基于课程标准,按照教材的章节编排,依据考试评价的内容为参考,有组织、有计划、有系统地掌握书本理论知识的教学行为。虽然高中思政课在反复强调探究性、活动性、实践性课堂的实施,但仍然以知识的传授为主。与课堂教学相比较,社群学习的教育内容将更加多样性和广泛性。在课堂中,教师更加强调学生的知识获得和精神生活的丰富;在社群中,学生将会获得生活中所必需的关于艺术、情感、伦理、职业、心理、社会等多方面的知识和技能,换句话说,从儿童学习的价值追求角度,学生除了掌握更多的知识与技能之外,还会获得丰富而深刻的真情实感的体验。

第二,社群学习是对课堂教学差异化的有效补充。在课堂教学中,由于不同层次的学生齐聚一堂,教师施教的着力点往往无法照顾到所有学生,最可能实施差异化教学的将体现在课后作业的布置和完成程度上,至于个人的兴趣、爱好、特长等极具个性化的内容在个体教学中将无法全面呈现。而社群学习通过学生丰富的生活体验，发挥社群灵活性、开发性、综合性、自主性的特点，能够较好地满足学生个性化思政学习的需求。例如，学生可以选择自己感兴趣的时政社群并参与其中，通过社群互动发展自己的兴趣爱好，共同探索相关问题，从事自己喜爱的活动。在社群活动中个体差异做到被照顾和被尊重，实现了个性化、差异化、因材施教的教学。

第三，社群学习能促进真正学习的发生。课堂教学中的互动常常表现为教师与学生的互动，主要是师生问答的形式，这种互动往往是单向传递的，并不是真正意义上的互动，虽然班级授课制也是社群学习的一种，但是这种机械化的社群构建方式，易导致社群学习的封闭性。而社群学习更多是围绕真实的问题展开相互讨论和对话，对话教学和提问式互动将丰富师生互动的形式，教师在对话教学中也将得到成长。由于互联网具有天然的平等性，每一个节点具有连接其他节点的功能，因此社群学习避免了课堂教学中一言堂的弊端，任何人都可以提出自己的疑问，进行多方对话和提问，更有利于教师充分地进行反思学习。

第四，社群学习有助于学生的深度学习，相比于课堂学习的有限时空，学生在社群学习过程中，由于教师的介入较少，教师的指导作用相比于课堂教学明显弱化，学生的兴趣和学习动机将无形中被放大，更容易凸显学生自身的创造性和自主学习倾向。

社群学习有利于信息交换和知识共享，实现了个人成长到群体发展的跨越。学校在构建智慧校园的管理平台中，开设了网络协同备课模块，教师在该空间中上传自己的课件、教案、习题，同教研组的任何一位老师都能在这些教学媒体上进行批注、点评，其痕迹将被保留下来，同时网络备课空间留有讨论区，类似于微信或 QQ 等社交平台，教师在平台上可以广泛交流，这种交流也可以被记录下来，方便备案和信息的复查。如学校内部开展青年政治教师优质课比赛中，就要求所有开课的政治老师都要发起网络协同备课，从这次公开课的效果来看，确实方便了各教研组的教研活动，提升了集体教研的效率。同时，激活家长和孩子交互学习的能动性，使学生不自主地融入某个社群中，在各种社群中既能学到全新的知识，也能发展自己的爱好，提升自己的技能。家长也自主组建社群，以班为单位、以年级为单位，甚至以学校为单位，从社群中获取信息，从社群中形成合力，共同助力学校的发展。

（五）基于平台的教学策略

随着教育信息化 2.0 的不断深入推进，信息技术对教育教学变革的影响越来越显著，知识工程、大数据、虚拟仿真、云计算、移动学习和物联网等技术层出不穷，给人类的学习带来极大的便利。国务院原副总理刘延东在 2012 年全国教育信息化工作电视电话会议上指出：推动"网络学习空间人人通"，促进教学方式与学习方式的变革，为师生建立个人网络学习空间，体现着教育信息化未来发展方向，通过五年左右的时间使得所有的教师和初中以上学生都拥有实名的网络学习空间，促进教与学、教与教、学与学的全面互动，在网络学习空间建设与应用方面走在世界的前列。由此，各种能够提供网络学习空间的教育平台层出不穷地涌现出来。基于平台的教学策略即是基于网络学习资源平台开展教与学的策略，目前广为人知的国外开放教学平台有 Coursera、Udacity、edX 和麻省理工学院开发课件，国内较为知名的平台有网易公开课、中国大学 MOOC、新浪公开课、爱课程、学堂在线等，除此之外，学校也可以基于校情和学情开发校本特色的教学平台，例如学科组开放的基于错题收集和整理的教学辅助平台。

现代的学生，生于 21 世纪，被称为数字时代的原住民，具有较好的信息素养和沟通能力。但是在开展平台教学过程中，由于学习者对知识的加工多体现在类比记忆层面上，对知识的构建和再加工能力偏弱，尤其是解决问题的能力有待提高，缺乏主动学习的动力。因此平台教学策略远未达到应有的优势，其主要体现在：

一是学习评价上，基于目前技术水平和开发能力，对于学习者在平台上开展学习的评价主要是人机评价和同伴互评。人机评价基于标准制定的合理性和普适性，对于单个个体的评价失之偏颇，而同伴互评存在着缺乏公正、表达不科学、评价滞后等缺点。

二是教学互动上，由于大部分学习平台仅仅提供了视频点播、学习进度显示、提问和回答等简单互动功能，而学习者之间连续性的对话、学习过程标注和弹出问题设计等较复杂的互动功能还不成熟，有待提高。

学校在创建"智慧校园"过程中，也积极开发新的教学平台，通过自主研究和协同创新的方式，开发了智能白板教学平台、智慧课堂教学平台、错题库教学平台、政治现代化智能实验室教学平台等。其中教与学交互式错题本 APP 是基于校情和学情开发的教学辅助平台。

随着学生练习量的增大，学习中生成着大量过程性数据，这些不断产生的数据蕴含着丰富的、有价值的信息。以往由于数据采集与分析手段不足，我们对学生学习过程中产生的大数据分析甚少，错失了大量对教与学都极有价值的信息。"利用数据，读懂学生"也是近年美国教育年会出现率非常高的核心议题。随着大数据时代的到来，实时收集和分析学生学习过程中的信息，通过对学生学习过程中产生的数据进行分析和预测，量身定制学习内容、实现学生的个性化学习成为可能。同时教师利用数据分析的结果，了解班级整体以及学生个人的知识缺漏，可以实施更有实效、更有针对性的教与学策略，使教学更有科学性和实证性。该系统分为学生端和教师端两大系统：

（1）学生端主要实现一键式快速收纳日常校本和课外习题中的错题，并提供错题的分类和分析，提供打印复习功能。

（2）教师端的功能主要是使教师实时精确掌握学生的缺漏，并对知识点的错误率进行统计，使教师的教学目标和策略更有针对性。

系统中的学生端采用 APP 端和 PC 端相结合的形式，适应学生不同学习状态下对错题复习的需求。教师系统仅采用 PC 端。学生系统的 APP 端开发和应用：

一是适应现在学生几乎人手一部手机、方便上网的生活状态。

二是方便学生碎片化的复习方式，使学生不仅可以系统学习，也可以利用零散的时间随时进行复习。

APP 端错题集成为学生学习的手机版"口袋书"，同时该系统具有良好的用户使用体验，互动高效便捷。学生系统的 PC 端设置是利用电脑屏幕大的优势，提供更舒适的读题、复习环境，方便学生利用周末或温书假等完整时间进行阶段复习。同时 PC 端提供错题的输出打印功能，方便学生进行错题重做复习。

学生端系统主要实现如下的功能：

（1）系统错题：系统错题来源于系统的题库，即学生平时做的试卷、同步练习以及教辅。系统题库中的所有题目，学生端系统都提供一键式将学生个人的错题纳入自己的电子错题本，如某学生需要把自己平时练习中的错题纳入错题本，只需登录自己的账号，打开电脑或手机 APP 上的练习，点击题目上方的"＋"，本题就一键纳入学生个人的错题本，使学生完全从手抄、粘贴错题的烦琐工作中解脱出来。之后，登录自己的账号，就可以在电脑上或手机 APP 上打开自己的电子错题本。如学生需要用碎片化的时间复习，就打开手机 APP 这个"口袋"错题本随时进行复习。如果需要利用完整的时间复习就打开电脑进行打印错题或阶段复习。智能 APP 错题集成为学生极具个性化的、私人定制的学习材料，为学生高效、精准复习提供了保障。

（2）同步练习：同步练习是与错题本关联的电子作业本，也是校本作业中与课程教学同步的练习。同步练习实现了选择题的网络提交并由计算机自动判断正误。如果学生网络提交的选择题出现错误，系统将错误的选择题自动纳入学生的错题本，无须手动添加。主观题也在教师批阅之后自动将错误的题目纳入错题集。错题的纳入在同步练习部分实现了自动化。

（3）学情分析：因为题库涵盖了学生日常全部的习题，所收纳的错题能够实时、精确、全方位地记录学生完整的学习过程，收集了学生学习掌握情况的完整信息，因此对信息的分析处理尤为重要。系统实现了自动按知识点进行错题分类的功能，并根据知识点错误率的高低给出学生知识掌握情况的学情分析，为学生进一步查缺补漏提供精准、有效的信息。

（4）打印复习错题的功能：系统提供错题打印功能，方便学生对错题的复习重做，避免题海战术，实现学习的提质减负。

（5）典型题目收藏功能：提供典型题目的收藏功能，方便学生通过典型题目的复习掌握解题思路和方法。典型题目的来源不局限于错题，还可来源于整个题库。

教师端系统主要实现如下的功能：

（1）今日作业与同步作业：这两个模块主要实现发布作业及批改作业的功能。教师发布同步练习，其一客观题部分，由学生网络提交选择题答案，错误的题目将由系统自动纳入学生个人的错题集；其二主观题部分则由学生手写提交主观题答案，教师应用扫描仪扫描主观题，利用计算机或平板电脑等网络平台批改主观题，教师判为错误的题目将自动纳入学生的错题集。在同步作业部分，系统实现了教师的作业批改无纸化，以及学生错题收纳处理的自动化。实践证明，教师批改作业采用无纸化方式，提升了批改作业的质量和效率。

（2）学情分析：学情分析包括同步练习选择题错误率分析以及全部知识点错误率统计。首先是选择题自动批改和分析，不仅节省了批改选择题的时间，更重要的是系统自动分析每一题的错误率并提供每个选项学生的名单。基于分析，教师能够进行有针对性的评讲，并在课堂教学中引发选择不同选项学生的思维碰撞，进一步引导学生对问题的讨论。其次，系统进行全部知识点的错误率统计。基于长期的实时记录而积累的数据，真实地反映出班级学生对知识的掌握情况以及知识的缺漏。教师能够基于准确的数据分析，了解学生对知识的掌握情况，及时调整教学策略、教学进度等，教师通过分析原始数据获得对数据的全新见解和应用。同时，系统也向教师提供学生个人错题的查询，使教师可以对每个学生的学习情况了如指掌。该系统实现了在大班体制下，依据定量数据的分析，实施对学生的因材施教，极具针对性，弥补了以往教师对学生个体学习情况了解不足的缺陷。

（3）收藏夹：收藏夹实现主观题部分学生典型错误的收藏以及题库中典型题目的收藏。一方面，教师批改学生主观题时，可以将典型的错误解法或学生中不同的思路解法收藏到收藏夹中，在上课讲评时调出收藏的学生解题进行评讲，引发生生互动，启发学生的思维。同时教师也可以一键收藏题库中的典型题目，积累典型题目，提高教学效率。

学校在使用该系统的过程中，将所有的校本作业和学生的学习材料导入到题库中，学生在课后将自己每节课学习的错题一键式纳入错题本，纳入的错题含有难度、知识点等信息，同时系统也接纳学生的批注和记录。系统对错题进行自动分类和分析，并依据知识点错误率的高低给出学生知识掌握情况的学情分析。这些记录不同于以往的阶段性和长周期的对学生进行的评估，是非常精确细致的每日点滴学习过程的记录，数据分析结果所反映的信息真实可靠，使每位学生对自己的学习缺漏一目了然。对于以前无法收集和分析的学生学习过程中产生的大量数据，新的技术手段赋予轻松简便的收集和分析的可能，为学生提供了个性化的学习材料，使学生个性化的学习有了基础和保障。

由于对错题的收纳、订正、复习、分析学情成为学生日常学习的一部分，学生个性化的学习成为常态化。参加实验的高三学生进入高考前的最后冲刺阶段时，在日常复习中他们最为重视的学习材料就是自己个人账户的"汇学宝"资源。每天学生可以在碎片化的时间利用手机进行复习巩固，学生称之为口袋书、掌中宝。周末学生并没有忙于运用题海战术，而是打印自己的错题进行复习、分析知识缺漏。布鲁姆认为："有效的学习始于知道自己希望达到的目标。"学生根据系统自动生成并提供的个别化学情分析诊断书，精确定位目标进行补缺补漏，"积跬步以至千里"，真正实现了个性化的有效学习。

从目前实验情况看，学生由于个人学习目标、学习材料各不相同，针对自己学习特点的个性化、自主化学习也成了习惯和必然。进行实验的高三年段的学生，临近高考阶段，主动与老师协商，要求平时教学尽可能压缩统一的作业，希望利用 APP 提供的"量身定制"的资料和学情分析，由他们自己决定复习内容、自由安排时间。从学生学习情况的反馈来看，从原来的被动完成学校统一的复习材料，到现在学生个性化地、主动地、精确地补缺补漏，学习效果令学生安心、令老师深感欣慰。

我国基础教育阶段学生核心素养研究报告中提出，学生发展核心素养是指学生应具备的能够适应终身发展和社会发展需要的必备品格和关键能力，其中报告提出一级指标有社会参与、自主发展、文化修养，二级指标中自主发展里有自我管理、学会学习等。在智慧平台的使用过程中我们欣喜地看到了学生的自我管理、个性化自主学习能力的提高，其学习实践将为学生终身发展、学会自主学习提供典例，积极地促进学生核心素养的发展。

为反映实验近一年后学生成绩的变化，以下提供实验组与对照组的高三前期一次政治月考与省质检的相关政治考试成绩比对。1～6 班成为我们进行实验的班级，表 4-1 中设定为 A 组。其余留在原校区的 7～10 班作为我们实验的对照组，表 4-1 中设定为 B 组。所列班级中实验组的提高拔尖班是 A_6 班，对照组的提高拔尖班是 B_4 班。作为同一所学校，生源相近，两个校区的作业布置同步、学习材料相同，具有一定的可比性。

表 4-1　对比结果

| | 实验组 A | | | | | | | 对照组 B | | | | |
	A_1	A_2	A_3	A_4	A_5	A_6	平均分	B_1	B_2	B_3	B_4	平均分
月考	68.0	69.8	63.7	68.4	62.9	81.9	69.1	65.5	66.7	61.4	79.2	68.2
省质检	58.1	58.9	56.1	63.3	58.9	69.9	60.9	54.4	51.1	47.0	63.2	53.9

在平行班中落实智能平台 APP 的使用最为到位。A_5 班从高一、高二以来政治成绩一直是最后一名，高三前期月考成绩还是最后一名，到省质检时是平行班的第二名，学生笑称自己班级是千年垫底班咸鱼翻身。值得一提的是，据纳入智能平台 APP 的习题总量统计，高三学生含政治教材及政治校本作业在内，到目前为止总习题量为 150 份，也就是平均两天一份的练习或者说是每天平均 6～7 题的作业量，我们的学习方式确实是脱离了题海，取而代之的是个性化的有效学习。得益于这样个性化的有效学习方式，实验组校区省质检成绩得到显著提高，实验成果和课题研究也得到了师生的充分肯定。

　　综上所述,教与学交互式政治电子错题本的学生端实现了错题收集、分析知识点缺漏、巩固复习三部分的功能。通过对错题的自动收集和分类,高效地形成了量身定制的学习内容,学习材料极具个性化。利用数据分析,使学生清晰地了解自身的知识缺漏,增强了学习的针对性。本错题集的推出得到了学生的热情推崇,成为我校学生喜爱的个性化学习材料,进一步推动学生个性化、自主高效地学习。

　　教师应用信息化技术有高度,基于实践的研究有深度和效度。教师的教学设计从基于"课本和经验"的设计转向基于"技术和数据"的教学设计,学校自主研发了一款电子化错题收集和整理助学 APP;除有效促进了学生分析和解决问题的能力、交流与合作的能力外,还显著提高了学生的高阶学习能力。